中等职业教育汽车专业理实一体化系列教材

汽车电气设备构造与维修

（彩色版）

主　编　马彦军　王智韬　靳由

副主编　侯再刚　张豆豆　游　洋　靳　薇

二维码总码

机械工业出版社

本书基于汽车维修行业相关岗位需求，以中职汽车运用与维修专业教学标准为依据，参考"1+X"技能等级证书鉴定标准组织教材内容，采用"工学结合、理实一体"的原则进行教学任务设计，以学生为主体，充分考虑学生的认知能力，并在教材中融入了"素质目标""课程育人"等内容，实现了课程思政与技能培养的有机融合。

本书主要内容包括：汽车电气设备检修基础知识、电源系统常见故障的检修、起动与点火系统常见故障的检修、照明与信号系统常见故障的检修、仪表与报警系统常见故障的检修、辅助电器系统常见故障的检修。

书中配备有丰富的多媒体资源，包括课件、动画与微课视频，此外，配套开发了实训工作页手册，方便学习者携带和使用。

本书可作为中等职业学校、技师学院汽车相关专业教材，也可以供汽车维修技工学习参考或作为培训教材使用。

图书在版编目（CIP）数据

汽车电气设备构造与维修：彩色版 / 马彦军，王智韬，靳由主编 . — 北京：机械工业出版社，2023.12

中等职业教育汽车专业理实一体化系列教材

ISBN 978-7-111-74617-1

Ⅰ.①汽…　Ⅱ.①马…②王…③靳…　Ⅲ.①汽车–电气设备–构造–中等专业学校–教材　②汽车–电气设备–车辆修理–中等专业学校–教材

Ⅳ.①U472.41

中国国家版本馆CIP数据核字（2024）第037356号

机械工业出版社（北京市百万庄大街22号　邮政编码100037）
策划编辑：齐福江　　　　　　责任编辑：齐福江　丁　锋
责任校对：张亚楠　丁梦卓　　封面设计：陈　沛
责任印制：刘　媛
北京中科印刷有限公司印刷
2024年6月第1版第1次印刷
184mm×260mm·14.25印张·231千字
标准书号：ISBN 978-7-111-74617-1
定价：59.90元

电话服务　　　　　　　　　　网络服务
客服电话：010-88361066　　机　工　官　网：www.cmpbook.com
　　　　　010-88379833　　机　工　官　博：weibo.com/cmp1952
　　　　　010-68326294　　金　书　网：www.golden-book.com
封底无防伪标均为盗版　　机工教育服务网：www.cmpedu.com

近年来，我国汽车产销量持续增长，作为中国支柱产业之一的汽车行业，拥有庞大的市场规模以及庞大的消费群体，行业发展稳步向前。目前，我国各大汽车企业正处于技术进步、自主创新的重要阶段，掌握核心技术是提高企业核心竞争力乃至国家整体实力的重要手段。与之相适应，企业对于具备高技能和拥有良好职业素养的人才需求也与日俱增。作为培养技能人才的职业院校，理应冲锋在前，将行业发展趋势、创新技术、职业规范和道德准则等传递给广大的学生和社会人士。为此，我们整合专家资源，组织一线教师进行研究后精心编写了《汽车电气设备构造与维修》一书。

本书内容包括汽车电气设备检修基础知识、电源系统常见故障的检修、起动与点火系统常见故障的检修、照明与信号系统常见故障的检修、仪表与报警系统常见故障的检修、辅助电器系统常见故障的检修，共计 6 个项目 24 个任务。

本书具有以下特色：

1. 校企合作开发

本教材采用校企合作开发模式，校方着力构建理论知识部分；企业提供专业相关的技术支持，包括提供针对课程的数字化资源专业制作服务、协同校方完善数字化资源品类、提升教材资源质量等。

2. "工学一体"编写

本教材坚持"工学一体"的编写原则，引入企业真实情境，理论与实操有机融合，逐步引领学习者"做中学、学中做"。

3. 课程思政融入

本教材通过"学习目标""素质目标"以及穿插的思考题等方式多维度体现课程思政。一方面帮助教师提炼思政要点，一方面引导学生通过目标、案例、问题进行积极、深度的思考，以实现课程思政两大主体的有机融合，引发双向共鸣。

4. 立体化教材打造

本教材配套开发有独立的实训工作页手册，除配备基本的课件、题库外，还针对重点知识点开发相应的数字资源，包括动画、微课、视频等，以二维码的形式植入教材中。依托立体化教材，教师可轻松实现课堂翻转，学生可通过形象、生动的资源在轻松、愉悦的氛围中理解并掌握知识。

本书由哈尔滨市第二职业中学校的马彦军、王智韬、靳由任主编，侯再刚、张豆豆、游洋、靳薇担任副主编，哈尔滨市第二职业中学校的李传杰、开百军、耿琪、胡英慧、吕洛夫、韩成义、丁世臣、贾学志、许强、姚元彬以及牡丹江市职业教育中心学校的刘富强、齐齐哈尔市职业教育中心学校的王秉权参与编写。在编写本书的过程中，得到了上海景格科技股份有限公司的大力支持，在此表示感谢。

本书可作为中职院校汽车运用与维修技术等专业的教学用书，也可作为企业技术人员的培训教材，汽车维修人员和汽车技术爱好者亦可用于自学。

由于编者的水平有限，书中难免存在一些疏漏和不足，恳请各位读者提出宝贵意见，以便在修订时改正和完善。

编 者

CONTENTS
目 录

前言

汽车电气设备检修基础知识

汽车电气设备是汽车的重要组成部分之一，其性能好坏直接影响汽车的动力性、经济性、可靠性、安全性、舒适性以及排放等性能。汽车电气设备是现代汽车发展水平的一个重要标志，其科技含量已成为衡量现代汽车档次的重要指标之一。图 1-0-1 所示为汽车电气示意图。

本项目通过对汽车电气设备组成及特点的认知、汽车电气设备检修工具的使用两个任务的学习，使学生了解汽车电气设备的组成、电气设备的特点及其发展趋势，掌握汽车电气设备检修工具的使用。

图 1-0-1　汽车电气示意图

 **学习目标**

知识目标

1. 能够描述汽车电气设备的组成。
2. 能够描述汽车电气设备的特点。
3. 能够描述汽车电气设备的发展趋势。
4. 能够描述汽车电气检修工具的组成。

技能目标

1. 能使用验电笔验电。
2. 能使用万用表测量电阻、电压等参数。
3. 能使用钳形电流表测量电参数。
4. 能使用蓄电池测试仪测试蓄电池状态。
5. 能使用汽车故障诊断仪与车辆连接读取车辆故障码。

素质目标

1. 培养良好的职业道德和工匠精神。

2. 培养安全意识和团队协作精神。

3. 培养自我管理和自主学习能力。

任务一　汽车电气设备组成及特点的认知

📝 情景导入

　　张先生到4S店准备买一辆东风本田CRV汽车，4S店的销售人员为他介绍了车辆的组成及特点，现在需要为张先生介绍该车型的电气设备。如果请你来为张先生介绍，你该如何介绍呢？

接车与填写接车问诊表

车牌号：黑A×××××　车架号：LSGBC1234JG××××××　行驶里程：70000（km）
用户名：张××　电话：150×××××××　来店时间：2022.2.1
用户陈述及故障发生时的状况：踩下加速踏板，车速无提升，车辆动力不足
接车员检测确认建议：检查汽车离合器
车间检测确认结果及主要故障零部件：
车间检查确认者：

外观确认：	功能确认：（工作正常√　不正常×） ☑音响系统　☑门锁（防盗器）　☑全车灯光 ☑工具　☑后视镜　☑天窗　☑座椅 ☑点烟器　☑玻璃升降器　☑玻璃
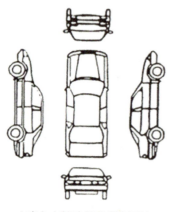 （请在有缺陷部位做标识）	物品确认：（有√　无×）  贵重物品提示 ☑工具　☑备胎 ☑灭火器　☑其他（　　　） 旧件是否交还用户 ☑是　□否 用户是否需要洗车 ☑是　□否

　　检测费说明：本次检测的故障如用户在本店维修，检测费包含在修理费用内；如用户不在本店维修，请您支付检测费。本次检测费：×××元。

　　贵重物品：在将车辆交给我店检查修理前，已提示将车内贵重物品自行收起并保存好，如有遗失恕不负责。

　　接车员：王××　用户确认：贾××

一、汽车电气设备的组成

汽车产业的发展给整个世界都带来了巨大的变化。汽车是由发动机、底盘、车身和电气系统四部分组成，其中汽车电气系统已变得越来越重要。虽然汽车的种类繁多，但电气设备的组成和设计都遵循一定的规律。

现代汽车所装备的电气设备，按其用途可大致归纳并划分为以下几个部分：电源系统、用电系统、全车电路及配电装置。

1. 电源系统

电源系统包括蓄电池、发电机及其调节器，如图 1-1-1 所示。前两者是并联工作，发电机是主电源，蓄电池是辅助电源。发电机调节器的作用是在发电机转速升高时，自动调节发电机的输出电压使之保持稳定。

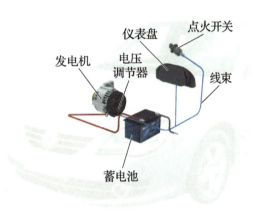

图 1-1-1 电源系统

2. 用电系统

汽车上用电系统大致可分为以下几类。

1）起动系统：主要机件是起动机，其任务是起动发动机，如图 1-1-2 所示。

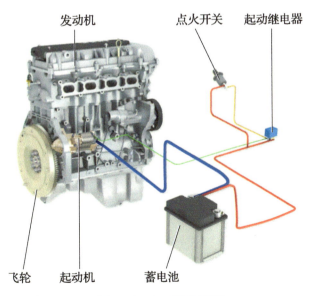

图 1-1-2 起动系统

2）点火系统：它是汽油发动机的组成部分，包括电子点火系统或传统点火系统的全部组件。其任务是产生高压电火花，按发动机的工作顺序点燃气缸内的可燃混合气，如图 1-1-3 所示。

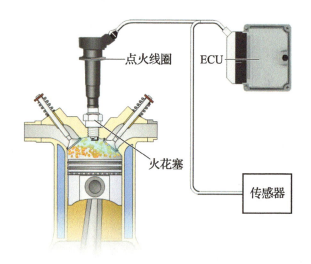

图 1-1-3　点火系统

3）照明系统：包括车内外各种照明灯以及保证夜间安全行车所必需的灯光，其中以前照灯最为重要，如图 1-1-4 所示。军用车辆一般还会增设防空照明设备。

4）信号系统：主要用来保证安全行车所必要的信号，包括电喇叭、蜂鸣器、闪光器及各种信号灯等，如图 1-1-5 所示。

图 1-1-4　照明系统

图 1-1-5　信号系统

5）辅助电器：包括电动刮水器、低温起动预热装置、空调器、收音机、点烟器、防盗装置、玻璃升降器、座椅调节器等。辅助电器有日益增多的趋势，主要向舒适、娱乐、保障安全方面发展，如图 1-1-6 所示。

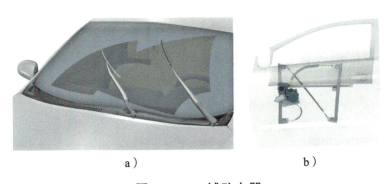

图 1-1-6　辅助电器

a）电动刮水器　b）玻璃升降器

6）仪表系统：用来监测发动机和其他装置的工作情况，包括电压表、电流表、水温表、油压表、燃油表、车速表、里程表、发动机转速表和各种警告灯等，如图 1-1-7 所示。

图 1-1-7　仪表系统

7）电子控制系统：主要指由微机控制的装置，如图 1-1-8 所示。其组成包括电子控制点火装置、电子控制燃油喷射装置、电子控制防抱死制动装置、电子控制自动变速装置等，分别用来提高汽车的动力性、经济性、安全性，以及实现排气净化和操纵自动化等。

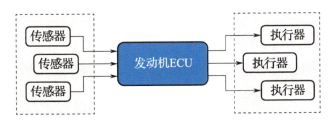

图 1-1-8　电子控制系统

3. 全车电路及配电装置

全车电路及配电装置包括中央接线盒、熔断装置、继电器、电线束及插接件、电路开关等，构成一个统一的整体，以保证线路工作的可靠性和安全性，如图 1-1-9 所示。

视频 1　认识电路基础元件

a）

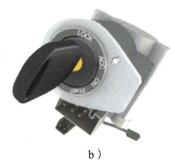

b）

c）

图 1-1-9　配电系统
a）中央接线盒　b）点火开关　c）熔丝

二、汽车电气设备的特点

1. 低压

汽车电气设备的额定电压有 12 V、24V 两种，汽油车普遍采用 12V 电压，而柴油车多采用 24V 电压。用电设备电压在 0.9~1.25 倍额定电压范围内变动时应能正常工作。

2. 直流

汽车电气设备均采用直流电压，这是由于发动机的起动机为直流串励式电动机，其工作时必须由蓄电池供电，蓄电池消耗电能后又必须用直流电来充电，所以汽车上的发电机也必须输出直流电。

3. 单线制

普通的电气系统必须用两条导线，一条为电源线，另一条为搭铁线，这样才能构成回路，让用电设备能够正常用电。汽车上所有的用电设备都是并联的，从理论上讲需要有一条公共的电源线和一条公共的搭铁线，而汽车的底盘及发动机是由金属制造的，具有良好的导电性能，用汽车的金属机体作为一条公共搭铁线，可以达到节约导线、简化电气线路、便于安装维修的目的。因此，现

代汽车基本上都采用单线制。但也有一些部位没有与汽车金属机体相连，这些地方就必须采用双线制。

4. 负极搭铁

由于汽车采用单线制，所以电气系统的两条线路中的一条必须用汽车的金属机体代替。在接线时，电源的一极或用电设备的一极要与金属机体相连，这样的连接称为搭铁。按照国际通行的做法和我国国家标准的规定，汽车电气系统一定为负极搭铁。

三、汽车电气设备的发展历程及趋势

自汽车问世 100 多年来，汽车的发展给人类的生活带来了巨大的变化，汽车技术也取得了令人瞩目的进步。汽车电气设备是汽车的重要组成部分，随着汽车技术的进步，汽车电气设备的结构与性能也在不断进步，特别是电子技术在汽车上的广泛应用，在解决汽车节能降耗、行车安全及减少排放污染等方面起着越来越重要的作用。

汽车电子技术始于 20 世纪 60 年代，下面介绍汽车电子技术的发展历程和发展趋势。

1. 汽车电子技术的发展历程

在汽车发展的最初阶段，汽车上除点火系统以外几乎没有电气设备，点火系统也只是采用磁电机点火方式，汽车的安全性无法得到保证。直到美国通用汽车公司在 1910 年发明了蓄电池点火系统和电气起动系统，才使汽车在安全性和操纵性方面有了明显的改善，汽车电气设备从此进入第一个迅速发展阶段。

汽车电气设备的第二个迅速发展阶段是 20 世纪 60 年代初至 70 年代末，其主要特征是电子装置代替机械部件。由于点火系统对汽油机的动力性、经济性、可靠性和排放水平等有直接影响，因此其在整个电气系统中变化较快，也反映着各种先进技术在汽车上的应用水平。1960 年，二极管整流技术将交流电变为直流电，交流发电机得到广泛应用，减小了发电机的质量和体积，提高了发电机的可靠性。之后，电子式电压调节器逐步替代了传统的触点式电压调节器，使发电机输出的电压更加稳定，并大大减少了维护的工作量。1973 年前后，美国三大汽车制造商开始广泛使用完全由晶体管控制的点火系统——普通电子点火系统，它不但改善了发动机的动力性、经济性，还大大提高了发动机工作的可靠性，减少了发动机的有害物排放量。

汽车电气设备的第三个迅速发展阶段是 20 世纪 80 年代至 20 世纪末，其主要特征是微机开始在汽车上获得应用，并实现了对诸多功能的集中控制，主要表现在三个方面：一是部分电气设备实现微机控制；二是发动机和底盘上的许多机械部分实现微机控制；三是微机控制新设备不断出现。

2. 汽车电气未来的发展趋势

进入 21 世纪以来，随着电子技术的发展，汽车的电气设备也发生了很大的变化。很多新的技术也应用到了汽车上，未来汽车电气电子行业也会越来越重视汽车的环保性、安全性。

1）环保性。全球汽车行业最主要的发展趋势就是倾向于发展高效燃料、低碳排放量的发动机。目前有许多选择方案，其一就是先进的柴油发动机和电子控制系统，在公路驾驶时，其燃料经济性比汽油发动机提高 30%~40%；其二就是电动动力系统或混合动力汽车（HEV）。混合动力汽车技术应用有许多结构，但都涉及一个小型电池组、一个电子控制器及一个可以使汽车发动机在停车时自动关闭并在发动机自动起动前对汽车进行再次电动加速的电动机。混合动力汽车系统可以提高汽车的燃油经济性达 30%~40%，并降低碳排放达 60%。纯电动汽车的研发工作仍在继续，而且范围已拓展至电动汽车或插入式混合动力汽车。这些汽车采用更大的电池组，可以在纯电动驱动的情况下，行驶更长的距离。目前，零部件供应商和汽车制造商正在开发气缸压力传感和均质充量压燃燃烧（HCCI）等系统，以在经济性和汽油发动机排放方面取得更大的进展。所有这些动力系统的创新技术都将在未来的 5~15 年里为全世界的汽车增加大量电子系统部件。

2）安全性。汽车电气电子设备发展的第二大趋势是安全性，市场对于能够保证驾驶更加安全的技术和产品有着庞大的需求。目前被动安全技术已经取得了重大的进展，即在汽车发生碰撞时为驾驶员和乘客提供保护的技术和产品。

未来，汽车电气电子设备行业发展最快的领域将集中在先进安全电子产品、信息娱乐系统，以及混合动力汽车的动力电子产品及其他先进的改善燃油经济性和降低碳排放的发动机控制系统。汽车电气的发展必然会推动电气行业的发展，电子技术在汽车行业的有效运用也在不断地推动着产业的发展。所以一定要重视汽车行业和电气行业的完美结合，才能从根本上促进科技的发展，推动社会经济的不断进步。

课程育人

《新能源汽车产业发展规划（2021—2035年）》指出，当前全球新一轮科技革命和产业变革蓬勃发展，汽车与能源、交通、信息通信等领域有关技术加速融合，电动化、网联化、智能化成为汽车产业的发展潮流和趋势。智能汽车融汇新能源、新材料和互联网、大数据、人工智能等多种变革性技术，推动汽车从单纯交通工具向移动智能终端、储能单元和数字空间转变。随着数量众多的芯片、智能硬件以及5G技术的应用，大量的数据、算法应用在智能汽车中，智能程度的提高为智能汽车行业的市场发展提供了底层技术支撑。

⚠ **思考** 智能汽车未来的发展靠什么支撑？

巩固提升

一、选择题

1. 以下不属于汽车上电路及配电装置的是（　　　）。
   A. 蓄电池
   B. 电线束和插接器
   C. 熔断装置
   D. 电路开关

2. 以下不属于汽车上用电设备的是（　　　）。
   A. 起动机
   B. 发电机
   C. 附属电器
   D. 照明装置

3. 汽车电路图中用来表示交流的基本符号是（　　　）。
   A. –
   B. ~
   C. +
   D. =

4. 继电器可以实现（　　　）。
   A. 以小电流控制大电流
   B. 以大电流控制小电流
   C. 以大电流控制大电流
   D. 以小电流控制小电流

5. 下列关于继电器说法错误的是（　　　）。
   A. 常开继电器的触点在继电器不工作时是断开的，继电器线圈通电后触点才闭合

B. 常闭继电器的触点在继电器不工作时是闭合的，继电器线圈通电后触点才断开

C. 混合式继电器在继电器线圈不通电时，常闭触点接通，常开触点断开

D. 混合式继电器在继电器线圈不通电时，常闭触点断开，常开触点断开

二、判断题

1. 采用负极搭铁的车辆，蓄电池的正极与车体直接相连。　　（　　）

2. 电路及配电装置包括中央配电盒、电路开关、熔断装置、电线束和插接器等。　　（　　）

3. 线束就是将汽车上走向相同的各类导线包扎在一起，构成像电缆一样的一束线。　　（　　）

4. 汽车电气设备可分为电源、用电设备和电路及配电装置三部分。（　　）

5. 汽车上装有两个电源，即蓄电池和发电机。　　（　　）

任务二　汽车电气设备检修工具的使用

✏️ **情景导入**

　　张先生驾驶的车辆为别克威朗，一天张先生在驾驶过程中，发现蓄电池故障指示灯亮起，于是便把车辆开到 4S 店检修。你知道如何规范地使用汽车电气设备的检修工具进行检测吗？

接车与填写接车问诊表

车牌号：黑 A×××××　车架号：LSGBC1234JG×××××　行驶里程：70000（km）

用户名：张××　电话：150×××××××　来店时间：2022.9.1

用户陈述及故障发生时的状况：蓄电池故障指示灯亮起

接车员检测确认建议：检查电气设备

车间检测确认结果及主要故障零部件：

车间检查确认者：

外观确认：

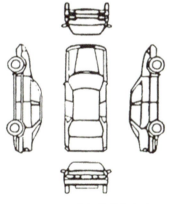

（请在有缺陷部位做标识）

功能确认：（工作正常 √　不正常 ×）
- ☑音响系统　☑门锁（防盗器）☑全车灯光
- ☑工具　☑后视镜　☑天窗　☑座椅
- ☑点烟器　☑玻璃升降器　☑玻璃

物品确认：（有 √　无 ×）

贵重物品提示
- ☑工具　☑备胎
- ☑灭火器　☑其他（　　　）

旧件是否交还用户
- ☑是　□否

用户是否需要洗车
- ☑是　□否

　　检测费说明：本次检测的故障如用户在本店维修，检测费包含在修理费用内；如用户不在本店维修，请您支付检测费。本次检测费：×××元。

　　贵重物品：在将车辆交给我店检查修理前，已提示将车内贵重物品自行收起并保存好，如有遗失恕不负责。

　　接车员：王××　用户确认：张××

一、验电笔的使用

验电笔又称低压验电器，是检验导线和电气设备是否带电的一种电工常用检测工具。验电笔有螺丝刀式和数显式两种，如图 1-2-1、图 1-2-2 所示。

图 1-2-1　螺丝刀式验电笔　　　　　图 1-2-2　数显式验电笔

1. 验电笔的组成

验电笔由氖泡、电阻器、弹簧、笔身和笔尖组成。氖泡装在验电笔中，在电场激发下能产生透射力很强的辉光。

2. 验电笔的使用

使用验电笔时，用中指和拇指持验电笔笔身，食指接触笔尾金属体或笔挂。当带电体与接地之间电位差大于 60V 时，氖泡产生辉光，证明有电。

⚠ **注意**　人手接触验电笔部位一定要在验电笔的金属笔盖或者笔挂，绝对不能接触验电笔的笔尖金属体，以免发生触电。

3. 使用注意事项

1）使用验电笔之前应先检查测电笔内有无安全电阻，然后检查验电笔是否有损坏、受潮或进水现象。检查合格后方可使用。

2）在使用验电笔检查电气设备是无带电之前，要先将验电笔在有电源的部位检查一下氖泡能否正常发光，如能正常发光，方可使用。

3）在明亮的光线下使用验电笔测量带电体时，应注意避光，以免因光线太强而不易观察氖泡是否发光，造成误判。

4）螺丝刀式验电笔前端金属体较长，应加装绝缘套管，避免检查时造成短路或触电事故。

5）使用完毕后，要保持验电笔清洁，并放置在干燥处，严防碰摔。

二、万用表的使用

数字万用表具有显示清晰、读取方便、灵敏度高、准确度高、过载能力强、便于携带、使用方便等优点。数字万用表主要由液晶显示屏、档位功能选择钮、各种插孔等组成。档位功能旋钮可以调节万用表的档位，使其在电阻档（Ω）、交流电压档（V~）、直流电压档、交流电流档（A~）、直流电流档和晶体管档等档位之间进行转换，如图1-2-3所示。

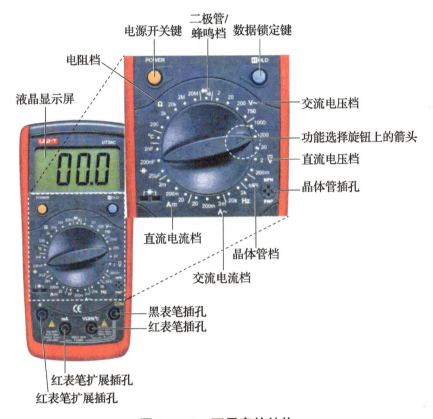

图 1-2-3 万用表的结构

1. 数字万用表测量电阻

（1）数字万用表电阻测量步骤

1）将黑表笔插入"COM"孔，将红表笔插入"VΩ"孔。

2）选择适当的电阻量程，将黑表笔和红表笔分别接在电阻两端，注意尽量不要用手同时接触电阻两端，由于人体是一个很大的电阻导体，这样做会影响电阻的测量精确性。

3）将显示屏上显示数据与电阻量程相结合，得到最后的测量结果。

（2）数字万用表电阻测量注意事项

1）测在线电阻时，须将线路电源关断，并将所有电容充分放电，不能带电测量电阻。

2）当被测电阻开路或阻值超过仪表的最大量程时，仪表将显示"0L"。

3）测量 1MΩ 以上电阻时，仪表要几秒后读数才能稳定，这对高阻测量来说是正常的。

4）测量电阻时，请勿输入电压值，否则会引起读数不准确，如果超过过载保护电压 250V，则有可能损坏仪表和危及使用者安全。

5）测量完成后，要立即断开表笔与被测电路的连接。

6）测量晶体管、电解电容器等有极性的元器件时，必须注意表笔的极性。

2. 数字万用表测量交直流电压

使用数字万用表测量交直流电压，需根据需要将量程开关拨至 DCV（直流）或 ACV（交流）的合适量程，红表笔插入"VΩ"孔，黑表笔插入"COM"孔，并将表笔与被测线路并联，读数即显示。

3. 数字万用表测量交直流电流

使用数字万用表测量交直流电流，需将量程开关拨至 DCA（直流）或 ACA（交流）的合适量程，红表笔插入"mA"孔（<200mA 时）或"A"孔（>200 mA 时），黑表笔插入"COM"孔，并将万用表串联在被测电路中即可。测量直流电流时，数字万用表能自动显示极性。

4. 数字万用表测量晶体管

1）找到基极。将数字表的一支笔接在晶体管的假定基极上，另一支笔分别去接另外两个极。如果两次测量的数字显示均为 0.1~0.7V，则说明晶体管的两个 PN 结发生了正向导通，此假定的基极为晶体管的基极，另外两电极分别为集电极和发射极。如果只有一次显示 0.1~0.7V 或一次都没有显示，则应重新假定基极再次测量，直到测出基极为止。

2）判断是 PNP 管还是 NPN 管。确定基极后，将红表笔接在基极上，用黑表笔先后接触其他两个引脚。如果都显示 0.5~0.8V，则被测管属于 NPN 型；若两次都显示溢出符号，则表明被测管为 PNP 型。

3）区分发射极和集电极。假定被测管是 NPN 型，将数字万用表拨至 h_{FE}

档，使用 NPN 插孔。把基极插入 B 孔，剩下两个引脚分别插入 C 孔和 E 孔中。若测出的 h_{FE} 为几十到几百，则说明晶体管属于正常接法，此时，C 孔插的是集电极，E 孔插的是发射极；若测出的 h_{FE} 为几到几十，则说明 C 孔插的是发射极，E 孔插的是集电极。

5. 万用表使用注意事项

1）充分了解万用表功能。在使用数字万用表之前，应认真阅读有关使用说明书，熟悉电源开关、量程开关、插孔、特殊插口的作用。

2）选择正确档位。数字万用表损坏大都由于档位使用不当引起，因此在测量前一定认真检查测量功能档位是否选择正确、表笔插孔是否与功能对应。

3）选择适当量程。某些需要手动切换量程的数字万用表，需选用合适的量程，如选择不当会导致万用表损坏。如在交流 20V 档位测量市电，很易引起数字万用表交流放大电路损坏，使万用表失去交流测量功能。在测量直流电压时，所测电压超出测量量程，同样会造成表内电路故障。在测量电流时如果被测电流超过量程，一般也会引起万用表内的熔丝熔断。所以在测量电流电压参数时，如果不知道所测量的大致范围，应先将万用表置于最大量程档，通过测量其值后再转换适当量程，最后得到比较精确的数值。但是在测量高电压（220V 以上）或大电流（0.5A 以上）时，换量程应先断开测量连接，以防止产生电弧，烧毁开关触点。

4）关注万用表的电池状态。电池电压低于工作电压时会影响测量精度，应及时更换电池。不同型号的万用表对电池电压过低的表示也不同，如"BATT"或"LOW BAT"等。

三、钳形电流表的使用

钳形电流表又称电流钳，如图 1-2-4 所示为电流钳实物图。电流钳是一种不需断开电路就可直接测电路交流电流的携带式仪表，在电气检修中使用非常方便，应用相当广泛。

图 1-2-4　电流钳

1. 电流钳的结构与工作原理

电流钳实质上是由一只铁心有开口的电流互感器、钳形（动铁心）扳手和一只整流式磁电系电流表所组成。如图 1-2-5 所示为电流钳结构示意图。

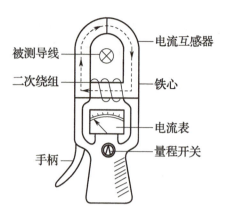

被测导线 ——— 电流互感器

二次绕组 ——— 铁心

——— 电流表

手柄 ——— 量程开关

图 1-2-5 电流钳结构示意图

电流钳的工作原理和变压器一样。一次绕组就是穿过钳形铁心的导线，相当于 1 匝的变压器的一次绕组，这是一个升压变压器。二次绕组和测量用的电流表构成二次回路。当导线有交流电流通过时，就在铁心中产生了交变磁场，在二次回路中产生了感应电流，电流的大小和一次电流的比例，相当于一次和二次绕组的匝数的反比。电流钳用于测量大电流，如果电流不够大，可以将被测导线在通过电流钳时增加圈数，然后将测得的电流数除以圈数。电流钳的穿心式电流互感器的二次绕组缠绕在铁心上且与交流电流表相连，它的一次绕组即为穿过互感器中心的被测导线。旋钮实际上是一个量程选择开关，扳手的作用是开合穿心式互感器铁心的可动部分，以便使其钳入被测导线。

测量电流时，按动扳手，打开钳口，将被测载流导线置于穿心式电流互感器的中间，当被测导线中有交变电流通过时，交流电流的磁通在互感器二次绕组中感应出电流，该电流通过电磁式电流表的线圈，使指针发生偏转，在表盘标度尺上指出被测电流值。

2. 电流钳的使用方法

电流钳的使用方法如下：

1）测量前要机械调零。

2）选择合适的量程，先选大量程后选小量程或根据技术参数估算。

3）当使用最小量程测量，其读数还不明显时，可将被测导线绕几匝，匝数要以钳口中央的匝数为准，则读数＝指示值 × 量程 / 满偏 × 匝数。

4）测量时，应使被测导线处在钳口的中央，并使钳口闭合紧密，以减少误差。图 1-2-6 为电流钳测量示意图。

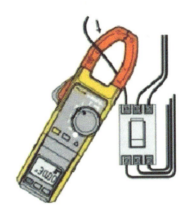

图 1-2-6 电流钳测量示意图

5）测量完毕，要将转换开关放在最大量程处。

3. 电流钳使用注意事项

1）在使用之前，一定要检查钳形电流表的外观状态，查看其绝缘是否符合规定的标准，并且进一步确保绝缘层不存在破损的状态。

2）电流钳的手柄必须要保持清洁干燥的状态，如果指针没有在零位上，还需要自行调整零的位置。钳口一定要保证紧密接合，如果指针存在晃动的情况，则可以重新开闭一次钳口。

3）被测线路的电压要低于电流钳的额定电压。

4）测高压线路电流时，要戴绝缘手套，穿绝缘鞋，站在绝缘垫上。

5）钳口要闭合紧密，不能带电换量程。

四、蓄电池检测仪的使用

蓄电池检测仪是针对汽车蓄电池的工作能力进行判断的专业分析检测设备，既可以检测安装于车内的蓄电池，也可检测未安装的蓄电池，如图 1-2-7 所示。汽车蓄电池对于汽车来说，尽管在成本上所占的比重不高，但它对整车却起着举足轻重的作用。进行蓄电池检测的目的是在蓄电池完全损坏之前，检测其电量是否有显著下降，或蓄电池

图 1-2-7 蓄电池检测仪

是否需要更换。蓄电池检测仪具有操作方便、使用可靠、性能稳定等特点。

如果在车辆上使用蓄电池检测仪进行检测，需确认断开所有负载，钥匙不要处于点火位置并且将车门关闭。

（1）测试前准备

1）连接检测仪。将红色夹子连接电池的正极（+）端，黑色夹子连接负极（-）端。

2）连接后把夹子前后摇动一下确认连接牢固。在测试蓄电池前，要求两个夹子牢固地连接接线端。如果连接不良检测仪会进行提示：检查连接或摆动夹钳。如果出现此类提示，请清洁接线端后再次用夹子连接。

3）最好的测试位置就是电池的接线端口。如果电池无法从接线端口连接，你可以尝试在跳线端口上测试，但是测量出来的数据可能低于实际数值。

（2）蓄电池检测步骤　当第一次将检测仪连接电池时，检测仪起到伏特计的作用，直至按下回车键开始检测。这个功能可以通过菜单选择关闭。按下回车键后，滚动上/下键选择参数，按回车键确定。如果这时出现信息提示，参阅说明书中的"检测信息"。

1）应用：选择汽车。

2）电池类型：滚动选择普通铅酸蓄电池、普通AGM电池或者卷绕式AGM电池。

3）电池标准：滚动选择一个额定标准系统。电池通常会使用一个或多个标准系统。蓄电池检测标准见表1-2-1。

表1-2-1　蓄电池检测标准

标准	描述	范围
CCA	冷起动电流	100~2000
JIS#	日本工业标准	从26A17到245H52
EN	欧洲工业标准	100~2000
DIN	德国工业标准	100~1200
SAE	汽车工程协会标准	100~2000
IEC	国际电工委员会标准	100~1200

4）电池额定值：上 / 下键滚动选择额定值，按住上 / 下键不动会加快滚动速度。

5）按回车键开始进行检测。几秒钟后检测仪显示对电池检测的结果以及测试到的电压，如图 1-2-8 所示为检测仪显示的结果。蓄电池检测仪检测的结果见表 1-2-2。检测仪也能显示所检测的电池类型及规格。

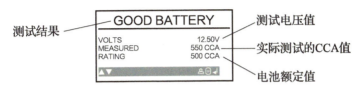

图 1-2-8　检测仪显示结果

表 1-2-2　蓄电池检测结果

结果	说明
电池良好	好蓄电池，可继续使用
良好—须充电	好蓄电池，但需要给蓄电池充满电，然后继续使用
充电后再测试	给蓄电池充满电，然后重新测试。注意：如果在重新测试之前没有给蓄电池充满电，可能导致错误的读数。如果充电后再次显示"充电后再测试"，请更换该电池
更换电池	更换蓄电池。显示"更换电池"也有可能因为汽车的电缆与蓄电池之间连接不良，在拆掉汽车蓄电池电缆与蓄电池的连接之后，使用车外模式再次测试蓄电池，然后决定是否需要更换
坏格电池—须更换	蓄电池有坏格，须更换蓄电池

6）按回车键开始进行检测，按后退 / 打印键打印检测结果，或按菜单键退回至菜单选择。

五、汽车故障诊断仪的使用

汽车故障诊断仪又称汽车故障自检终端、汽车解码器，是用于检测汽车故障的便携式智能汽车故障自检仪。用户可以使用它迅速地读取汽车电控系统中的故障，并通过液晶显示屏显示故障信息，查明发生故障的部位及原因。

1. 汽车故障诊断仪功能

汽车故障诊断仪是维修中非常重要的工具，一般具有以下功能：读取故障码、清除故障码、读取发动机动态数据流、示波、元件动作测试以及匹配、设定和编码等功能，还具有英汉辞典、计算器及其他辅助功能。

2. 汽车故障诊断仪诊断原理

汽车故障诊断仪用于诊断汽车电子控制系统的传感器、执行器状态以及 ECU 的工作是否正常。它通过判断 ECU 的输入、输出电压是否在规定的范围内变化，可以判断电子控制系统工作是否正常。

当电子控制系统中的某一电路出现超出规定的信号时，该电路及相关的传感器反映的故障信息以故障码的形式存储到 ECU 内部的存储器中，维修人员可利用该诊断仪来读取故障码，使其显示出来。

3. 汽车故障诊断仪的组成

下面以上汽通用汽车故障诊断仪为例，介绍汽车故障诊断仪的组成。如图 1-2-9 所示为上汽通用汽车故障诊断仪。

上汽通用汽车故障诊断仪还配套有交流 / 直流电源、车辆接口、USB 电缆线、网线、电池等配件。上汽通用汽车故障诊断仪的接口及指示灯如图 1-2-10 所示。

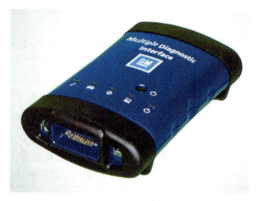

图 1-2-9　上汽通用汽车故障诊断仪

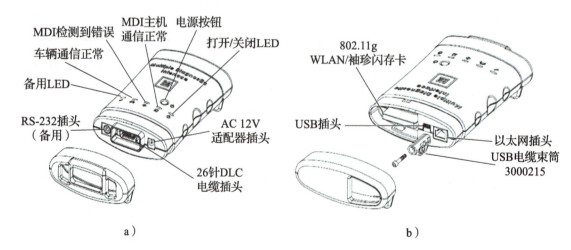

a）　　　　　　　　　　　　　　b）

图 1-2-10　上汽通用汽车故障诊断仪接口及指示灯

4. 汽车故障诊断仪的使用

汽车故障诊断仪大都随机带有使用手册，按照其说明很容易操作。一般来说有以下几步：在车上找到诊断座；选用相应的诊断接口；根据车型，进入相应诊断系统；读取故障码；查看数据流；诊断维修之后清除故障码。

下面以上汽通用汽车故障诊断仪为例，介绍汽车故障诊断仪的使用方法。

（1）诊断仪与汽车连接　使用网线将诊断计算机与诊断仪连接，再将网线的另一端与诊断仪连接，诊断仪通过数据线缆与车辆的OBD接口连接，如图1-2-11所示。

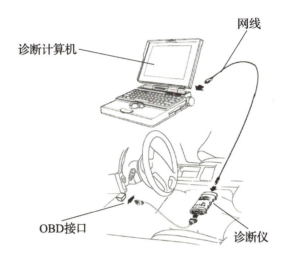

图1-2-11　诊断仪与汽车连接

（2）打开诊断系统软件　单击如图1-2-12所示的图标，进入诊断系统软件，如果当前的计算机上没有诊断系统软件，或者诊断系统软件版本有更新时，系统会提示安装或更新。

图1-2-12　打开诊断系统软件

（3）配置车辆信息　如图1-2-13所示，单击用户图标以开始配置车辆。图1-2-13中各功能图标的含义如下：

1）菜单栏：诊断系统软件的所有页面都会显示菜单栏。

2）菜单键：用户可通过其下拉菜单选择相应的操作。

3）箭头键：箭头键用于选择上、下、左、右各方位来查看参数列表。

4）执行键：用于选择"开始""返回"或"继续"。

5）状态栏：诊断系统软件的所有页面都会出现状态栏，状态栏用于显示当前系统电压、诊断仪连接、主数据库、更新提示以及当前用户。

6）全部的应用程序包：用来添加新的诊断软件以便增加和更新诊断信息。

7）检查是否有更新：用来将新版本的软件从 TIS2Web 下载到个人计算机上以进行诊断软件更新。

8）结束：关闭应用软件以结束对话。

图 1-2-13　单击用户图标开始配置车辆

如图 1-2-14 所示为"认证"页面，认证页面主要用于配置车辆。诊断系统软件侦测到的任何诊断仪都会显示在列表中。"诊断系统软件选择"允许用户选择即将使用的诊断仪，单击高亮显示的诊断仪以选择可用的诊断仪，然后单击"连接"。"车辆识别码"允许手动输入。若单击"读取车辆识别……"，诊断系统软件将自动识别当前连接的车辆。"车辆识别"允许用户手动选择车辆制造商、型号和型号年份。一旦输入了诊断仪选择、VIN 及车辆识别信息，就完成了配置车辆。

（4）故障码读取、删除操作　开始按钮用于启动故障诊断应用程序，单击"车辆诊断"选项，如图 1-2-15 所示。

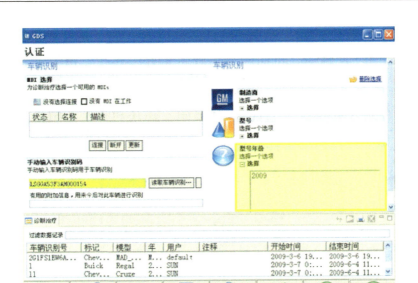

图 1-2-14　配置车辆信息

图 1-2-15　进入车辆诊断

在进入车辆诊断模块后，系统界面显示"车辆诊断故障代码（DTC）信息"
列表，如图 1-2-16 所示，单击"继续"进入下一页面。

如图 1-2-17 为车辆诊断故障代码（DTC）信息。在这个界面可以进入如下
操作：

1）单击"车辆诊断故障代码（DTC）信息"选项，该选项用来查看已设置
的 DTC。

2）车辆诊断列表：显示 ECU 名称和当前存储的 DTC 的数量。

3）车辆诊断故障代码（DTC）信息：该页面显示 DTC 状态、ECU 名称、

ECU 状态及 DTC 数量。如果有新的 DTC 被设置、出现多个 DTC、当前 DTC 状态改变以及 DTC 被删除，页面的显示状态将发生变化。单击下拉菜单以过滤 DTC。

4）DTC 显示：列表显示 DTC 详细说明、症状和状态，用户可以单击并查看，也可以使用下拉菜单和选择模块来过滤 DTC。

图 1-2-16 "车辆诊断故障代码（DTC）信息"列表

图 1-2-17 车辆诊断故障代码（DTC）信息

如果要清除车辆故障诊断代码（DTC），单击清除 DTC 按钮，出现如图 1-2-18 所示页面。

图 1-2-18 清除 DTC 界面

首先单击"清除 DTC",选择参数,在"选择参数"列表中,用户可以通过单击"添加全部"或"添加"按钮,来添加一个 ECU 或者所有 ECU。如果选择了"清除 DTC",将弹出车辆 DTC 信息页面。有些 ECU 只能被同时选择清除,已选择的 ECU 显示在页面的右侧和左侧。DTC 在清除时将被突出显示。

清除完车辆故障诊断代码(DTC)后,单击"退出"按钮将返回到"车辆诊断"页面。

课程育人

车辆远程诊断技术与传统诊断技术主要区别在于,使车辆制造商由被动诊断变为主动诊断,能够随时或者定期对车辆进行远程诊断,并远程修复故障(借助 OTA 技术),其主要有以下几个特点:

1)主动诊断。车辆产生故障的时候,车辆可以及时地将故障码上报云诊断平台,云诊断平台根据故障码判断故障。如果无法精确定位故障原因,云诊断平台可以将一些诊断脚本远程发送给车辆,请求车辆主动运行诊断脚本,并将诊断结果上报云管理平台,这样能够更加精确地定位故障的具体原因。

2)远程故障修复。某些故障如果是 ECU 系统问题,可以通过升级软件解决,那么云诊断平台将结合 OTA 技术,将修复故障的 ECU 软件推送给车辆进行在线升级,从而解决故障,节省维修成本。

3）远程协助及诊断脚本的更新。对于车辆的故障，可以请诊断专家远程协助，提供一些最新的诊断脚本代码或者方案，通过云诊断平台推送给车辆进行验证，从而减少了差旅费用。

⚠ **思考** 使用车辆远程诊断技术，对维修车辆有什么好处？

📝 **巩固提升**

一、选择题

1. 验电笔由（　　　）、笔身和笔尖等组成。

　　A. 氖泡　　　　　　　　B. 电阻器　　　　　　C. 弹簧　　　　　D. 以上都是

2. 一般情况下，万用表可以测量的电参数有（　　　）。

　　A. 直流电压　　　　　　B. 直流电流　　　　　C. 交流电压　　　D. 交流电流

3. 万用表测量电阻时，万用表的黑表笔应插入（　　　）孔。

　　A. COM　　　　　　　　B. VΩ　　　　　　　　C. A　　　　　　　D. mA

4. 万用表显示"BATT"或"LOW BAT"等表示（　　　）。

　　A. 电池电压过低　　　　　　　　　　　　　　　B. 电池电压过高

　　C. 待测部件电压过低　　　　　　　　　　　　　D. 待测部件电流过低

5. 汽车故障诊断仪是维修中非常重要的工具，不具有（　　　）的功能。

　　A. 读取故障码　　　　　　　　　　　　　　　　B. 清除故障码

　　C. 读取发动机动态数据流　　　　　　　　　　　D. 拆解汽车

二、判断题

1. 验电笔是检验导线和电气设备是否带电的一种电工常用检测工具。

　　　　　　　　　　　　　　　　　　　　　　　　　　　　　　（　　　）

2. 电阻能带电测量。　　　　　　　　　　　　　　　　　　　　　（　　　）

3. 电流钳是一种断开电路就可直接测电路交流电流的携带式仪表。（　　　）

4. 使用蓄电池检测仪，如果在车辆上进行检测，无须断开所有负载，钥匙处于点火位置并且车门打开。　　　　　　　　　　　　　　　　　（　　　）

5. 汽车故障诊断仪用于诊断汽车电子控制系统的传感器、执行器状态以及ECU的工作是否正常。　　　　　　　　　　　　　　　　　　　　（　　　）

电源系统常见故障的检修

　　汽车电源系统向全车所有的用电设备供电，一般有蓄电池和发电机两个电源。这两个电源配合使用，确保汽车的正常行驶。如果汽车缺少了电源系统，将无法起动，用电设备也都无法工作，比如夜间行驶没有照明、夏季车内无法使用空调制冷等，这都是我们无法接受的。因此，无论是从安全还是舒适度来考虑，电源系统都是必不可少的。

　　一般来说，汽车电源系统主要由蓄电池、发电机、电压调节器及充电指示装置等组成，如图 2-0-1 所示。其主要作用就是给汽车各用电设备提供低压直流电能。

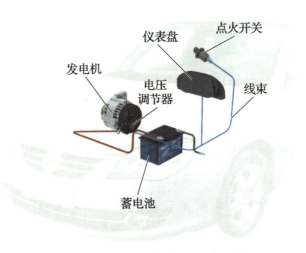

图 2-0-1　汽车电源系统组成

✏️ 学习目标

知识目标

1. 能描述蓄电池的基本结构与基本工作原理。

2. 能描述蓄电池的分类与功用。

3. 能阐述蓄电池的容量、工作特性及影响因素。

4. 能描述发电机的基本结构与基本工作原理。

5. 能读懂汽车电源系统电路图。

技能目标

1. 能根据蓄电池上的标记，说明蓄电池的型号、容量等参数的表示方法。

2. 能在车辆上查找蓄电池、发电机等部件，并能准确描述其安装位置。

3. 能对不同的汽车蓄电池实施就车充电和拆下充电。

4. 能使用蓄电池检测仪判断不同蓄电池的技术状态。

5. 能熟练分析与排除汽车电源系统常见故障。

素质目标

1. 培养良好的职业道德和工匠精神。

2. 培养安全意识和团队协作精神。

3. 培养自我管理和自主学习能力。

任务一　蓄电池的检查及维护

情景导入

车主王先生像往常一样准备开车出门，却发现他驾驶的别克威朗轿车无法起动并听见起动机有轻微的"嗒嗒"声，将点火开关置于 ON 档，仪表不显示。经 4S 店维修接待接车诊断，初步判断是蓄电池亏电。为了确定故障原因，现需你对车辆蓄电池做进一步检测。

接车与填写接车问诊表

车牌号：黑 A×××××　车架号：LSGBC1234JG××××××　行驶里程：70000（km）
用户名：王××　电话：150×××××××　来店时间：2022.11.1
用户陈述及故障发生时的状况：车辆无法起动并听见起动机有轻微的"嗒嗒"声，将点火开关置于 ON 档，仪表不显示
接车员检测确认建议：检查蓄电池
车间检测确认结果及主要故障零部件：
车间检查确认者：

（续）

外观确认：	功能确认：（工作正常√　不正常×）
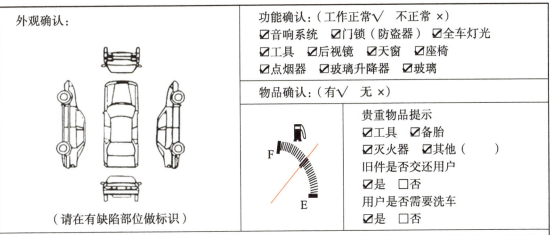	☑音响系统　☑门锁（防盗器）☑全车灯光 ☑工具　☑后视镜　☑天窗　☑座椅 ☑点烟器　☑玻璃升降器　☑玻璃
	物品确认：（有√　无×）
（请在有缺陷部位做标识）	贵重物品提示 ☑工具　☑备胎 ☑灭火器　☑其他（　　　） 旧件是否交还用户 ☑是　□否 用户是否需要洗车 ☑是　□否

检测费说明：本次检测的故障如用户在本店维修，检测费包含在修理费用内；如用户不在本店维修，请您支付检测费。本次检测费：×××元。

贵重物品：在将车辆交给我店检查修理前，已提示将车内贵重物品自行收起并保存好，如有遗失恕不负责。

接车员：王×× 用户确认：王××

一、蓄电池的功用

蓄电池是一种将电能以化学能的形式储存并可将化学能转化为电能的装置。蓄电池是汽车上的两个电源之一，通常被看作汽车电气系统的心脏，它是一种可逆直流电源，其功能如下：

1）起动发动机。当起动发动机时，向起动系统和点火系统供电。

2）备用供电。在发电机不发电时或电压较低时，由蓄电池向用电设备供电（如起动发动机时，向起动系统、点火系统、收音机、点烟器及常用灯光等供电），如图 2-1-1 所示。

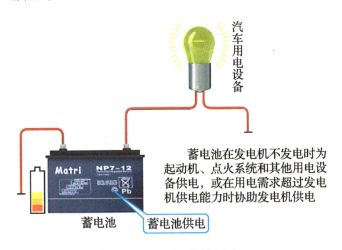

蓄电池在发电机不发电时为起动机、点火系统和其他用电设备供电，或在用电需求超过发电机供电能力时协助发电机供电

蓄电池　蓄电池供电

图 2-1-1　蓄电池供电

3）储存电能。当发动机高速运转，发电机电压高于蓄电池的充电电压时，蓄电池将发电机发出的多余电能存储起来（充电），如图 2-1-2 所示。

图 2-1-2　蓄电池储电

4）协同供电。当发电机过载时，协助发电机向用电系统供电。

5）稳定电源电压。蓄电池起到整车电气系统的电压稳定器的作用。它可以吸收电路中的瞬时电压，缓和电气系统的冲击电压，保持汽车电气系统电压的稳定，保护汽车上的电子元件，如图 2-1-3 所示。

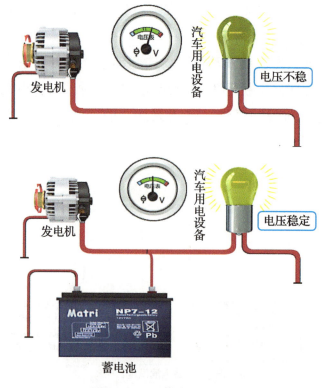

图 2-1-3　蓄电池稳压

二、蓄电池的结构及型号

1. 普通铅酸蓄电池结构

汽车蓄电池一般由 3 个或 6 个单格电池串联而成，每单格的额定电压为 2V。蓄电池主要由极板、隔板、壳体、连接条、电解液、极柱等组成，如图 2-1-4 所示。

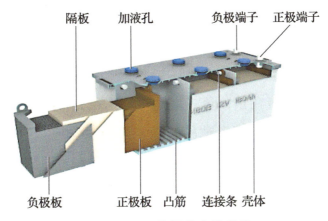

图 2-1-4 普通蓄电池结构

（1）极板 极板是蓄电池的核心部分，蓄电池充放电的化学反应主要是依靠极板上的活性物质与电解液进行的。极板分为正极板和负极板，均由栅架和活性物质组成，都以铅－锑合金铸成的栅架为骨架，在栅架上填充活性物质制成。将涂上铅膏后的生极板先经热风干燥，再放入稀硫酸中进行充电便得到正极板和负极板。正极板上的活性物质是二氧化铅（PbO_2），呈深棕色；负极板上的活性物质为海绵状纯铅（Pb），呈灰色。

栅架的作用是固结活性物质，一般由铅－锑合金铸成，具有良好的导电性、耐蚀性和一定的机械强度。普通蓄电池栅架含锑量为 5%~7%；干荷电蓄电池栅架含锑量为 1.5%~2.3%。目前，蓄电池采用的栅架有普通型和放射型。现代汽车蓄电池采用放射型栅架，它具有输出电流大、内阻小等特点，能改善蓄电池的起动性能。

为了增大容量，将多片正、负极板分别并联，用汇流条焊接起来，便分别组成了正、负极板组。汇流条（横板）上连有极柱，各片间留有空隙。安装时，各片正、负极板相互嵌合，中间插入隔板后装入蓄电池单格内，便形成了单格电池。

⚠ **注意** 正、负极板均做成极板组，以提高容量。在每个单格电池中，正极板的片数要比负极板少一片，这样每片正极板都处于两片负极板之间，可以使正极板两侧放电均匀，避免因放电不均匀造成极板拱曲。

单格蓄电池中的正、负极板之间用隔板隔开交替排列，隔板由多孔绝缘材料制成，用极板连接条将所有正极和所有负极分别连接。每个单格蓄电池提供2.1V的电压。

把6个单格电池串联起来后，就构成了可以给汽车电气系统提供12.6 V电压的汽车蓄电池，即通常标称的12V蓄电池。

（2）隔板　隔板安装在正、负极之间，其作用是使正、负极板尽量靠近而又不至于接触短路，以缩小蓄电池的体积。隔板材料应具有多孔性和渗透性，且具有良好的耐酸性和抗氧化性。常用的隔板材料有木质隔板、微孔橡胶、微孔塑料、玻璃纤维和纸板等。其中，木质隔板耐酸性较差；微孔橡胶隔板性能最好但成本较高；微孔塑料隔板孔径小、孔率高、成本低，因此被广泛采用。近年来，还将微孔塑料隔板做成袋状，紧包在正极板的外部，可防止活性物质的脱落。

（3）电解液　电解液在蓄电池的化学反应中起到离子间导电的作用，并参与蓄电池的化学反应。蓄电池的电解液是用高纯度的硫酸和蒸馏水按规定比例（质量分数36%的硫酸、64%的水）配制而成的。电解液的密度一般为1.24~1.31g/cm³。配制电解液必须使用耐酸的器皿，切记：只能将硫酸慢慢地倒入蒸馏水中，并不断搅拌。

电解液的密度对蓄电池的工作有重要影响，其密度大可减少结冰的危险，并提高电池的容量；但密度过大，则黏度增加，反而降低了蓄电池的容量，缩短使用寿命。电解液的密度应随地区和气候条件而定，表2-1-1列出了不同地区和气温下的电解液的密度。另外，电解液的纯度也是影响蓄电池性能和使用寿命的重要因素之一。

⚠ **注意** 电解液不允许用工业硫酸和自来水、井水、河水等配制，因其杂质多，易引起自放电，从而影响蓄电池的寿命。

表 2-1-1 不同气温下电解液密度

气候条件（冬季温度）	完全充足电的蓄电池 25℃时电解液的密度 / (g·cm⁻³)	
	冬季	夏季
低于 –40℃地区	1.30	1.26
高于 –40℃地区	1.28	1.25
高于 –30℃地区	1.27	1.24
高于 –20℃地区	1.26	1.23
高于 0℃地区	1.24	1.23

（4）外壳　外壳多采用硬橡胶或聚丙烯塑料制成，用来盛放电解液和极板组。制造壳体的材料必须耐酸、耐温、耐寒、抗振动，并具有足够的机械强度。底部有凸起的筋条支撑极板组，凸筋之间的空间用来容纳极板脱落的活性物质，以防极板短路。常用的壳体材料有硬质橡胶、沥青塑料和工程塑料等，目前国内普遍采用工程塑料壳体。这种壳体美观透明，耐酸、耐蚀、质量小、强度高。

壳体为整体式结构，壳内间壁分成 3 个或 6 个互不相通的单格。单格蓄电池之间均用铅质连接条串联。

⚠ **注意**　每个单格电池设有一个液孔，可加注电解液或检测电解液密度。孔盖上设有通气孔，便于排出蓄电池内部的气体，防止壳体胀裂，发生事故。

壳体的底部有凸起的筋，用来支撑极板组，并使极板上脱落下来的活性物质落入凹槽中，防止极板短路。

（5）极柱　各单格蓄电池串联后，两端的正、负极柱穿出电池盖，分别形成蓄电池的正、负极柱。正极柱较粗，标有 "+"（或 P，涂红色）；负极柱较细，标有 "–"（或 N，涂蓝色、绿色）。

极柱有侧极柱、顶极柱和 "L" 形极柱等形式。顶极柱是蓄电池装配后铸上的，"L" 形极柱是蓄电池装配后焊接上去的。

2. 免维护蓄电池结构

免维护蓄电池又称 MF 蓄电池，免维护是指在电池寿命内，不需要对蓄电池进行加注蒸馏水、检测电解液液面高度、检测电解液密度等维护作业。免维护蓄电池的主要组成部分与普通蓄电池类似，如图 2-1-5 所示。免维护蓄电池特点如下：

1）栅架材料采用铅钙合金，既提高了栅架的机械强度，又减少了蓄电池的耗水量和自放电。免维护蓄电池的寿命为普通电池的两倍，可以达到 4 年，所以普遍应用于现在的汽车。

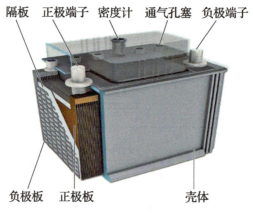

图 2-1-5　免维护蓄电池结构

2）采用了袋式微孔聚氯乙烯隔板，将正极板装在隔板袋内，既可避免正极板上的活性物质脱落，又能防止极板短路。因此，壳体底部不需要凸起的肋条，降低了极板组的高度，增大了极板上方的容积，使电解液贮存量增多。

3）蓄电池内部安装有电解液密度计，可自动显示蓄电池的存电状态和电解液液面的高低。如果密度计的观察窗呈绿色，表明蓄电池存电充足，可正常使用；若显示深绿色或黑色，表明蓄电池存电不足，需补充充电；若显示浅黄色，表明蓄电池已接近报废。

4）采用了新型安全通气装置和气体收集器，在孔盖内部设置了一个氧化铝过滤器，可阻止水蒸气和硫酸气体通过，同时又可以使氢气和氧气顺利逸出。通气塞中装有催化剂钯，可促使氢、氧离子重新结合成水回到蓄电池中。

3. 蓄电池的型号

按照标准 JB/T 2599—2012 的规定，蓄电池的产品型号由三部分组成，其排列如图 2-1-6 所示。

图 2-1-6　蓄电池产品型号的排列

第一部分表示串联的单格电池数，用阿拉伯数字表示，蓄电池的额定电压是该数字的 2 倍。例如，6 表示 6 个单格电池，额定电压为 12V。

第二部分表示蓄电池的类型和特征，用汉语拼音大写首字母表示。第一个大写字母表示蓄电池的类型，如"Q"表示起动用铅酸蓄电池，"M"表示摩托车用；第二个字母表示蓄电池的特征，干封普通极板蓄电池可省略不写，"A"表示干荷电，"H"表示湿荷电，"W"表示免维护，"S"表示少维护，"J"表示胶体电解液。

第三部分表示蓄电池的额定容量和特殊性能。我国目前规定采用 20h 放电率的额定容量，用数字表示，单位为 A·h（安培·小时）；特殊性能用大写字母表示，如"G"表示高起动率，"S"表示塑料槽，"D"表示低温起动性好。

以蓄电池的型号 6-QA-100AH 为例，表示该蓄电池由 6 个单格组成，额定电压为 12V，额定容量为 100A·h，是采用塑料整体式外壳的起动干荷电蓄电池。

三、蓄电池的原理

汽车蓄电池是一种存储电能的装置，一旦连接外部负载或接通充电电路，便开始进行化学能与电能之间的相互转化。蓄电池在工作过程中有放电和充电两个过程，并且蓄电池的充放电过程是可逆的。

1. 放电过程

当蓄电池充满电时，正极板活性物质为二氧化铅（PbO_2），负极板的活性物质为海绵状纯铅（Pb）；放电时，蓄电池与外电路接通后，电流在极板电势差的作用下，从正极流出，经过灯泡流回负极，使灯泡发光。

2. 充电过程

充电时，在放电后的蓄电池上接一个充电器。当充电器电压高于蓄电池电动势时电流将从蓄电池正极流入，负极流出。这时正、负极板发生的反应与放电过程相反。

四、蓄电池的容量及影响因素

1. 蓄电池的容量

蓄电池的容量标志着蓄电池对外供电的能力，是蓄电池的主要性能参数。在规定的放电条件下，完全充足电的蓄电池，在允许的放电范围内所输出的电量称为蓄电池的容量，用 C 表示，即 $C=I_f t_f$。式中，C 表示蓄电池的容量，单位为 $A\cdot h$；I_f 表示放电电流，单位为 A；t_f 表示放电时间，单位为 h。

蓄电池的容量与放电电流的大小以及电解液的温度有关。蓄电池出厂时规定的额定容量是在一定的放电电流、一定的终止电压和一定的电解液温度下测得的。

（1）额定容量　额定容量是检验蓄电池质量的重要指标之一，GB/T 5008.1—2005 标准规定，以 20h 放电率的放电电流在电解液初始温度为（25 ± 5）℃、密度为（1.28 ± 0.01）g/cm^3（25℃）的条件下，连续放电到规定的单格终止电压 1.75V，蓄电池所输出的电量，称为蓄电池的额定容量，记为 C_{20}。例如，6–QA–105 型蓄电池，在电解液初始温度为 25℃时，以 5.25A 的放电电流持续放电 20h，单格电压降到 1.75V，其额定容量 $C_{20}=5.25\times20 A\cdot h=105 A\cdot h$。

（2）额定储备容量　额定储备容量是国际上通用的另一种蓄电池容量表示方法，它是指充足电的蓄电池在电解液温度为 25℃条件下，以 25A 电流放电到单格终止电压 1.75V 时所能维持的时间。其符号为 C_m，单位为 min。

（3）起动容量　起动容量表示蓄电池在发动机电力起动时的供电能力，用倍率和持续时间表示。起动容量有两种规定：常温起动容量和低温起动容量。

1）常温起动容量。常温起动容量为电解液初始温度 25℃时，以 5min 放电率的电流放电，放电 5min 至单格电池电压降至 1.5V 时所输出的电量。5min 放电率的电流在数值上约为其额定容量的 3 倍。例如，对于 6–Q–100 型蓄电池，$C_{20}=100 A\cdot h$，在电解液初始温度为 25℃时，以 $3C_{20}A=3\times100 A=300A$ 的电流放电 5min，单格电池电压降至 1.5V，蓄电池端电压降至 $1.5\times6V–9V$，其起动容量为（$300\times5/60$）$A\cdot h=25 A\cdot h$。

2）低温起动容量。低温起动容量为电解液初始温度 –18℃时，以 5min 放电率的电流放电，放电 2.5min 至单格电池电压降至 IV 时所输出的电量。

2. 影响蓄电池容量的因素

分析表明，蓄电池容量的大小与放电允许范围内实际参加化学反应的活性物质的数量有极大的关系，因此蓄电池的容量与极板的构造、放电电流、电解液的温度、电解液的密度等因素有关。

1）极板的构造。蓄电池极板的表面积（指活性物质的真实表面积）越大，极板片数越多，参加反应的活性物质就越多，容量就越大。另外，极板越薄，活性物质的多孔性越好，则电解液向极板内部的渗透越容易，活性物质利用率就越高，输出容量也就越大。

2）放电电流。放电电流越大，蓄电池的容量就越低。因为放电电流越大，单位时间所消耗的硫酸越多，极板孔隙内由于硫酸消耗较快造成孔隙内电解液密度下降较快，故大电流放电时，极板表面活性物质的孔隙极易被生成的硫酸铅堵塞，使孔隙内实际参加化学反应的活性物质的数量下降。因此，随着放电电流的增加，蓄电池的容量会减小。

由于发动机起动时属于大电流放电，如果长时间接通起动机，就会使蓄电池的端电压急速下降至终止电压，输出容量减少，且使蓄电池过早损坏。因此，在起动时应注意一次起动时间应不超过 5s，连续两次起动应间隔 15s 以上，使电解液充分渗透到极板孔隙内层，以提高极板孔隙内活性物质的利用率和再次起动的端电压，延长蓄电池的使用寿命。

3）电解液的温度。电解液温度较低时，电解液的黏度增大，致使渗透能力下降，造成容量降低。此外，温度越低，电解液的溶解度与电离度也越低，加剧了容量的下降。温度每下降 1℃，容量下降约为 1%（小电流放电）或 2%（大电流放电）。因此，适当提高蓄电池的温度（小于 40℃），将有利于提高蓄电池的容量及起动性能。在寒冷地区冬季起动汽车时，由于低温和大电流放电，蓄电池端电压下降较多，容易造成起动困难，故应安装蓄电池保温装置。

4）电解液的密度。适当增加电解液的密度，可减小内阻，有利于提高电解液的渗透能力，使蓄电池的容量增加。但密度较高时，由于电解液的黏度增加使内阻增加，引起渗透能力降低从而导致容量下降。此外，电解液密度较高时，易造成极板硫化而导致容量下降。

实践证明，电解液密度偏低，有利于提高放电电流和容量以及延长蓄电池的使用寿命，冬季在电解液不结冰的前提下，也应尽可能采用密度较低的电解液。

5）电解液的纯度。电解液的纯度对蓄电池的容量有很大影响，因此电解液应用化学纯硫酸和蒸馏水配制。电解液中的一些有害杂质腐蚀栅架，沉附于极板上的杂质形成局部电池产生自放电，如电解液中含有 1% 的铁，蓄电池在一昼夜内就会放完电。所以使用纯度不好的电解液明显减小蓄电池的容量，缩短电池的使用寿命。

五、蓄电池常见故障的检修

蓄电池的故障主要是由于接触点因受腐蚀引起接触不良、电线绝缘层损坏或者电气设备内部短路等造成的。蓄电池放电故障的诊断与排除流程如图 2-1-7 所示。

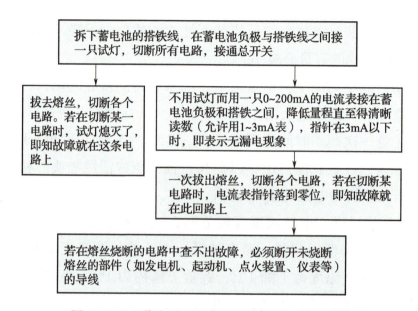

图 2-1-7　蓄电池放电故障的诊断与排除流程

蓄电池故障包括外部故障和内部故障。常见的外部故障有外壳破裂、封胶干裂、极柱螺栓和螺母腐蚀等；常见的内部故障有极板硫化、自行放电、极板活性物质大量脱落、极板短路、极板栅架腐蚀等。

1. 蓄电池的外部故障

蓄电池的外部故障通过检视即可发现。

（1）外壳破裂

1）故障原因：

①蓄电池固定螺母拧得过紧。

②行车剧烈振动。

③碰撞或敲击。

④电解液结冰。

2）检查方法：检查电解液液面高度及蓄电池底部的潮湿情况，如果电解液液面过低、蓄电池底部有潮湿现象，则可以判定蓄电池外壳破裂。

3）排除方法：蓄电池外壳破裂轻者可修补，重者应更换。

（2）封胶干裂

1）故障原因：

①蓄电池质量低劣。

②蓄电池受到撞击。

2）排除方法：轻者可清洁干燥后，用喷灯喷裂纹处烤热熔封；重者可将封胶清除干净，重新封口。

（3）极柱螺栓和螺母腐蚀

1）故障原因：

①蓄电池质量不佳，使用时有电解液溢出。

②蓄电池充电电流过大，导致电解液挥发过快。

③蓄电池的使用时间过长，电解液挥发，慢慢与极柱发生反应。

2）排除方法：极柱螺栓和螺母产生的腐蚀物，可用竹片刮去，再用5%的碱溶液擦拭，然后用清水清洗，待干燥后在极柱和接线端表面涂上凡士林；严重腐蚀的应更换极柱螺栓与螺母。

（4）蓄电池爆炸

1）故障原因：蓄电池充电后期，电解液中的水分解为氢气和氧气，如果气体不能及时逸出，遇明火即迅速燃烧，从而引起爆炸。

2）预防措施：保持蓄电池加液螺塞通气孔畅通；严禁蓄电池周围有明火；蓄电池连接应可靠，以免松动引起火花。

2. 蓄电池的内部故障

蓄电池的内部故障一般可通过观察电解液及极板的情况，或借助检查工具检查蓄电池的端电压等性能参数予以判断。

（1）极板硫化　极板上生成白色粗晶粒硫酸铅的现象叫"硫酸铅硬化"，简称极板硫化。

1）故障现象：

①极板表面有较厚的白霜，严重时打开加液孔盖即可看见。

②放电时，容量明显降低，端电压下降很快。

③放电时，内阻大，电压急剧下降，不能持续供给起动电流。

④充电时，内阻大，单体电池的充电电压高达 2.8V 以上，密度上升慢，温度上升快，过早出现沸腾现象。

2）产生硫化的原因：

①蓄电池长期充电不足或放电后不及时充电，温度变化时，硫酸铅发生再结晶。

②蓄电池液面过低，极板上部发生氧化后与电解液接触，生成粗晶粒硫酸铅。

③电解液密度过高、电解液不纯或气温变化剧烈。

④电解液密度过高，使硫酸铅溶解困难。

3）排除方法：

①硫化不严重时，采用去硫化充电法充电。

②硫化严重时，报废蓄电池。

（2）自放电　充足电的蓄电池，在无负载状态下，电量自行消失的现象称为自行放电，简称自放电。蓄电池的自放电是不可避免的，由于粗晶粒硫酸铅导电性差，正常充电很难还原，晶粒粗，体积大，堵塞活性物质孔隙，使内阻增大。

1）故障现象：完全充足电的蓄电池，长期放置不用就会产生自放电。自放电是不可避免的，若每昼夜容量下降不超过 2%，则属正常自放电；如果充足电的蓄电池在 30 天之内每昼夜容量降低超过 2%，则称为故障性自放电。

2）故障原因：

①电解液中含杂质过多，其中金属微粒与极板之间形成局部电池，使正、负极板上活性物质转变为硫酸铅，从而使蓄电池失去容量。

②蓄电池外壳不清洁，其表面有微电流流过，引起自放电。

③蓄电池长期放置不用，使电解液下部的密度比上部的高，极板的上、下部之间出现电位差，引起自放电。

3）排除方法：

①使用时应保持蓄电池外表的清洁，特别应注意清除极柱处的氧化物和酸垢。

②当蓄电池需加水时，一定要加蒸馏水。

③每月进行一次补充充电。

④自放电严重的蓄电池，应将其完全放电或过充电，使极板上的杂质进入电解液，然后倒出，用蒸馏水清洗，再加入新的电解液重新充电。

（3）极板活性物质大量脱落　活性物质的脱落主要指二氧化铅脱落，这也是蓄电池过早损坏的主要原因之一，极板活性物质脱落一般多发生在正极板上。

1）故障现象：充电时，电解液中有棕色物质自底部上升，单体蓄电池端电压上升快，电解液过早出现"沸腾"现象，而电解液密度不能达到规定的最大值；放电时，蓄电池容量明显下降。

2）故障原因：充电电流过大、过度充电时间过长、低温长时间大电流放电等；另外，蓄电池受到剧烈震动时，也会引起极板活性物质脱落。

3）排除方法：

①不可过充电，单体电池电压充至 2.5V 时，应停止充电。

②充电电流不宜过大，尤其是充电后期应减小充电电流，使气泡不至于过分剧烈地逸出。

③不可过放电，放电时电解液温度不宜过低。

④对活性物质脱落严重的，应拆开蓄电池，更换极板。

（4）极板短路

1）故障现象：充电过程中，电解液温度迅速上升，单体蓄电池端电压与电解液密度上升缓慢；放电时，蓄电池容量明显下降。即充电电压很低或为零，密度上升很慢或不上升，充电中气泡很少或无气泡。

2）故障原因：活性物质脱落、极板拱曲等。

3）排除方法：找出短路所在的单体，拆开修理，或更换新隔板等。

（5）极板栅架腐蚀　极板栅架腐蚀主要是指正极板栅架腐蚀，是蓄电池丧失工作能力的主要原因之一。

1）故障现象：极板呈腐烂状态；活性物质以块状堆积在两隔板之间；蓄电池的容量降低。

2）故障原因：主要是氧化所致。

🖊️ 课程育人

铅酸蓄电池是 1859 年由普兰特发明的，至今已有一百多年的历史。铅酸蓄电池自发明起，在化学电源中一直占有绝对优势，这是由于它具有价格低廉、原材料易于获得、使用上有充分的可靠性、适用于大电流放电及广泛的环境温度范围等优点。目前我国的蓄电池产品技术水平已普遍接近国际先进工业国家的产品水平；其中我国自主创新型产品以电动自行车蓄电池为代表的深循环动力锂离子电池制造技术在某些方面已超越欧美及日韩等先进工业国家技术，处于国际领先水平。

近几年来，全球电池产量的年均增长率约为 5%，而我国高达 15%，密封铅酸蓄电池和锂离子电池的增速最快。随着电子信息科学技术的发展，移动通信、笔记本电脑、小型摄像机等便携设备需求量增大，使传统电池和新型电池向小型、轻便、高能和绿色方向发展。

⚠️ **思考** 国内汽车电池的未来发展趋势是什么？

✏️ **巩固提升**

一、选择题

1. 为了保护蓄电池，每次运转起动机的时间都不能超过（　　　）。

　A. 3s　　　　　　　B. 5s　　　　　　　C. 8s　　　　　　　D. 10s

2. 在拆卸蓄电池时，首先应断开（　　　）。

　A. 蓄电池正极电缆　　　　　　　　　B. 蓄电池负极电缆

　C. 发电机 +B 端子　　　　　　　　　D. 任意电缆

3. 蓄电池基板上的活性物质在放电过程中都转变为（　　　）。

　A. 硫酸铅　　　　　B. 二氧化铅　　　　C. 铅　　　　　　D. 硫酸

4. 蓄电池的主要作用有（　　　）。

　A. 供电　　　　　　B. 储电　　　　　　C. 稳压　　　　　D. 以上全是

5. 汽车蓄电池一般由 3 个或 6 个单格电池串联而成，每单格的额定电压为（　　　）。

　A. 1V　　　　　　　B. 2V　　　　　　　C. 3V　　　　　　D. 4V

二、判断题

1. 当发动机高速运转时，蓄电池协助发电机向全车用电设备供电。（　　　）

2. 将蓄电池的正负极板各插入一片到电解液中，即可获得 12V 的电动势。

（　　　）

3. 在一个单格蓄电池中，负极板的片数总比正极板多一片。（　　　）

4. 在放电过程中，正负极板上的活性物质都转变为硫酸铅。（　　　）

5. 在放电过程中，蓄电池的放电电流越大，其容量就越大。（　　　）

任务二　发电机的结构与检修

🖊 情景导入

　　车主李先生驾驶一辆别克威朗轿车，在行驶途中发现仪表盘上的充电指示灯熄灭，晚上打开前照灯后，充电指示灯时亮时灭，若开前照灯时间过长，则第二天早上蓄电池亏电严重。于是李先生将爱车开到 4S 店进行检查，经检查发现发电机发电量不足。你知道如何对发电机进行检查吗？

接车与填写接车问诊表

车牌号：黑 A×××× 　车架号：LSGBC1234JG×××××× 　行驶里程：70000（km）	
用户名：李×× 　电话：150×××××××× 　来店时间：2022.11.1	
用户陈述及故障发生时的状况：在行驶途中发现仪表盘上的充电指示灯熄灭，晚上打开前照灯后充电指示灯时亮时灭，若开前照灯时间过长，则第二天早上蓄电池亏电严重	
接车员检测确认建议：检查发电机	
车间检测确认结果及主要故障零部件：	
车间检查确认者：	

外观确认：	功能确认：（工作正常√　不正常×）
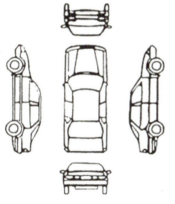（请在有缺陷部位做标识）	☑音响系统　☑门锁（防盗器）　☑全车灯光 ☑工具　☑后视镜　☑天窗　☑座椅 ☑点烟器　☑玻璃升降器　☑玻璃
	物品确认：（有√　无×）
	贵重物品提示 ☑工具　☑备胎 ☑灭火器　☑其他（　　　） 旧件是否交还用户 ☑是　☐否 用户是否需要洗车 ☑是　☐否

　　检测费说明：本次检测的故障如用户在本店维修，检测费包含在修理费用内；如用户不在本店维修，请您支付检测费。本次检测费：×××元。
　　贵重物品：在将车辆交给我店检查修理前，已提示将车内贵重物品自行收起并保存好，如有遗失恕不负责。
　　接车员：王×× 　用户确认：李××

一、交流发电机的结构及原理

发电机可分为直流发电机和交流发电机，目前所有的汽车均采用交流发电机。

1. 交流发电机的结构

交流发电机主要由转子、定子、整流器、电刷、端盖、带轮等组成，整体式交流发电机还包括电压调节器，如图 2-2-1 所示。

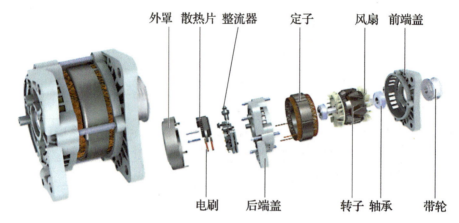

外罩 散热片 整流器 定子 风扇 前端盖

电刷 后端盖 转子 轴承 带轮

图 2-2-1 发电机的结构

（1）转子 转子的功用是产生旋转磁场。转子由爪极、磁轭、磁场绕组、集电环、转子轴组成，如图 2-2-2 所示。转子轴上压装着两块爪极，两块爪极各有六个鸟嘴形磁极，爪极空腔内装有磁场绕组（转子线圈）和磁轭。集电环由两个彼此绝缘的铜环组成，集电环压装在转子轴上并与轴绝缘，两个集

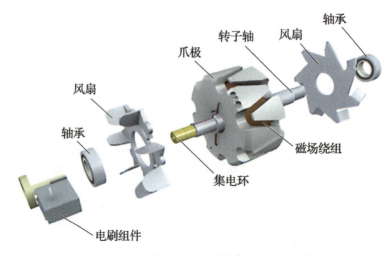

转子轴 风扇 轴承

爪极

风扇

轴承

磁场绕组

集电环

电刷组件

图 2-2-2 转子

电环分别与磁场绕组的两端相连。当两个集电环通入直流电时（通过电刷），磁场绕组中就有电流通过，并产生轴向磁通，使爪极一块被磁化为 N 极，另一块被磁化为 S 极，从而形成六对相互交错的磁极。当转子转动时，就形成了旋转的磁场。

交流发电机的磁路为：磁轭→N 极→转子与定子之间的气隙→定子→定子与转子之间的气隙→S 极→磁轭。

（2）定子 定子又称电枢，被固定在发电机内部，是三相同步交流发电机产生三相交流电的主要部件。它由铁心、木楔和三相绕组组成，如图 2-2-3 所示。定子铁心则由相互绝缘的环状硅钢片叠成。定子槽内置有三相绕组，绕组是用高强度漆包线绕制呈星形连接。

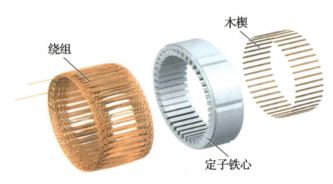

图 2-2-3 定子

（3）整流器 整流器的功用是将三相绕组产生的三相交流电转变为直流电。整流器由正、负整流板组成，每个整流板上安装 3~4 个二极管。

外壳为正极、中心引线为负极的二极管，叫负极管；外壳为负极、中心引线为正极的二极管，叫正极管，如图 2-2-4 所示。

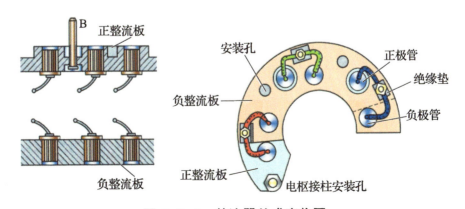

图 2-2-4 整流器总成实物图

（4）端盖及电刷组件 端盖一般分成两部分，即前端盖和后端盖，起支撑转子、定子、整流器和电刷组件的作用。端盖一般用铝合金铸造，一是可有效地防止漏磁，二是铝合金散热性能好。后端盖上装有电刷组件。

电刷组件由电刷、电刷架和电刷弹簧等组成，如图 2-2-5 所示。电刷的作用是将电源通过集电环引入励磁绕组。

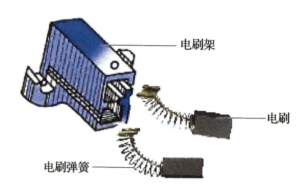

图 2-2-5 电刷组件

（5）带轮与风扇 交流发电机的前端装有带轮，内部装有风扇，由发动机的传动带通过带轮驱动发电机的转子轴和风扇一起旋转。

发电机工作时，定子绕组和励磁绕组中都会有热量产生，若温度过高会烧坏导线的绝缘部分，导致发电机不能正常工作，为了提高散热能力，有的发电机还装有两个风扇（前、后各一个）。

2. 交流发电机的工作原理

（1）交流发电机的电磁感应现象 当励磁绕组通以直流电时，转子上的磁极会被磁化，磁力线从转子的 N 极出发，穿过转子和定子之间的细微气隙，进入定子铁心，最后回到相邻的 S 极，通过磁轭构成一个完整的回路；当转子旋转时，磁力线切割定子线圈，在线圈内产生交变电动势，如图 2-2-6 所示。

（2）交流发电机的发电原理 发电机定子的三相绕组按一定规律分布在发电机的定子槽中，内部有一个转子，转子上安装着爪极和励磁绕组。当外部电路通过电刷使励磁绕组通电时，便产生磁场，使爪极被磁化为 N 极和 S 极。当

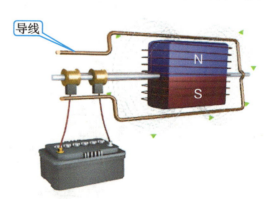

图 2-2-6 电磁感应现象

转子旋转时，磁通交替地在定子绕组中变化，根据电磁感应原理可知，定子的三相绕组中便产生三相交变的感应电动势，这就是交流发电机的发电原理，如图 2-2-7 所示。

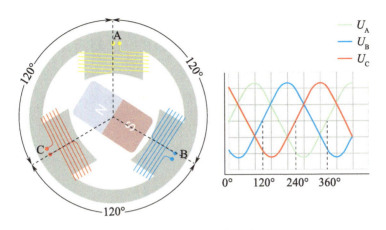

图 2-2-7　发电机的发电原理

（3）交流发电机的整流原理　交流发电机定子的三相绕组中，感应产生的是三相交流电，是通过 6 个二极管组成的三相桥式整流电路整流为直流电的。当发动机起动后，发电机定子三相绕组产生三相交流电动势，输送到整流器的二极管，由于二极管具有单向导通性，当给二极管加上正向电压时二极管导通，当给二极管加上反向电压时二极管截止，二极管依次循环导通，当 3 个正二极管负极端连接在一起时，正极端电位最高者导通；当 3 个负二极管正极端连接在一起时，负极端电位最低者导通，如图 2-2-8 所示，使得负载得到一个比较平稳的脉动直流电压。

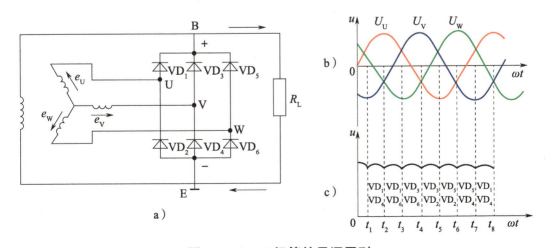

图 2-2-8　二极管的导通原则

1）当 $t=0$ 时，C 相电位最高，而 B 相电位最低，所对应的二极管 VD_5、VD_4 均处于正向导通。

2）在 $t_1 \sim t_2$ 时间内，A 相电位最高，而 B 相电位最低，故对应的 VD_1、VD_4 处于正向导通。

3）在 $t_2 \sim t_3$ 时间内，A 相电位最高，而 C 相电位最低，故对应的 VD_1、VD_6 处于正向导通。

6 个二极管导通与截止依次循环，周而复始，在负载电阻两端就可得到一个比较平稳的直流脉动电压，如图 2-2-9 所示。

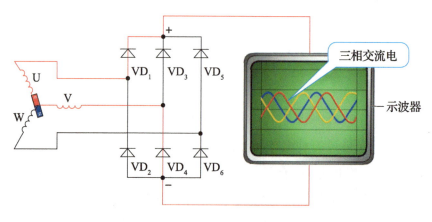

图 2-2-9　整流过程

（4）交流发电机的励磁方式　汽车上使用的交流发电机必须给励磁绕组通电才会有磁场产生而发电，否则将不能发电。将电流引入励磁绕组使之产生磁场称为励磁。交流发电机励磁方式有他励和自励两种。

1）他励。在发电机转速较低时（发动机未达到怠速转速），自身不能发电，需要蓄电池供给发电机励磁绕组电流，使励磁绕组产生磁场来发电。这种由蓄电池供给磁场电流发电的方式称为他励发电，如图 2-2-10 所示。

2）自励。当发电机能对外供电时，就可以把自身发的电供给励磁绕组，这种自身供给磁场电流发电的方式称为自励发电，如图 2-2-11 所示。

交流发电机励磁过程是先他励后自励。当发动机达到正常怠速转速时，发电机的输出电压一般高出蓄电池电压 1~2V 以便对蓄电池充电，此时，由发电机自励发电。

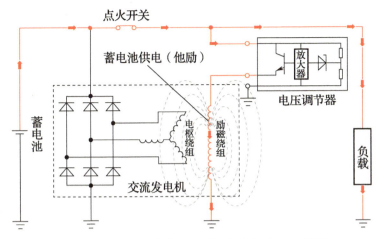

图 2-2-10　交流发电机的励磁方式——他励

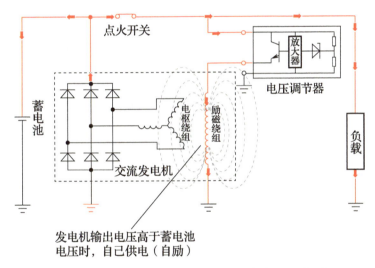

图 2-2-11　交流发电机的励磁方式——自励

二、电压调节器的作用及原理

1. 电压调节器的作用

　　电压调节器是把发电机输出电压控制在规定范围内的调节装置，其功能是在发电机转速变化时，控制发电机输出电压，使其保持恒定，防止发电机输出电压过高而烧坏用电设备和导致蓄电池过量充电，同时也防止发电机输出电压过低而导致用电设备工作失常和蓄电池充电不足。

2. 电压调节器的工作原理

　　根据电磁感应原理，发电机的感应电动势为 $E_\Phi = C_1 n \Phi$，即感应电动势 E_Φ

与发电机转速 n 和磁通量 Φ 成正比。发电机的空载电压 $U=E_\Phi=C_1 n\Phi$。发电机在汽车上是按固定的传动比由曲轴驱动旋转的，其转速 n 随发动机转速变化而在很大范围内变化。如果要在转速 n 变化时维持发电机输出电压恒定，就必须相应地改变磁极磁通量 Φ。因为磁极磁通量 Φ 取决于磁场电流的大小，所以在发电机转速变化时，只要自动调节磁场电流，就能使发电机电压保持恒定。电压调节器就是利用自动调节磁场电流使磁极磁通量改变这一原理来调节发电机输出电压的。

在一个电路中调节电流的方法一般有三种：一是通过更改电路中的电压；二是更改电路中的电阻值；三是控制电路的通与断。电压调节器采用的是后两种方法。电磁振动式电压调节器调节磁场电流的方法是通过触点开闭，使磁场电路的电阻改变，从而来调节磁场电流；电子式电压调节器调节磁场电流的方法是利用功率管的开关特性，使磁场电流接通与切断，从而调节磁场电流。

电压调节器除了要具有调节磁场电流的功能外，还必须要有感知发电机电压变化的装置，也就是说先要感知发电机电压的变化，根据这个变化再决定怎么调节磁场电流。电磁振动式电压调节器中感知发电机电压变化的元器件是线圈。电子式电压调节器中感知发电机电压变化的元器件是稳压管。

电子式电压调节器工作原理：在发电机电压较低的情况下，稳压管处于截止状态，此状态经放大器放大，给 VT1 晶体管的基极一个高电位信号，使 VT1 晶体管导通，励磁电流可以通过 VT1 晶体管流入发电机励磁绕组，使发电机电压上升；当电压上升到调节器电压调整值时，稳压管被击穿，此信号经放大器放大后给 VT1 晶体管的基极一个低电位信号，使 VT1 晶体管截止，切断了励磁电流，发电机无励磁电流，电压便下降，使 VT1 晶体管再导通。如此反复，使发电机的发电电压稳定在正常的范围内，如图 2-2-12 所示。

如果发电机不发电，仅仅依靠蓄电池供电，因本身电量有限，汽车很快就不能工作。当发现汽车发电机不发电或电量不足时，应首先判断故障是发生在发电机的内电路还是外电路。若初步确定故障在发电机内部，则应将发电机从车上拆下，对其进行检测、修理。

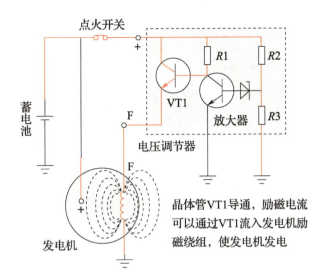

晶体管VT1导通，励磁电流可以通过VT1流入发电机励磁绕组，使发电机发电

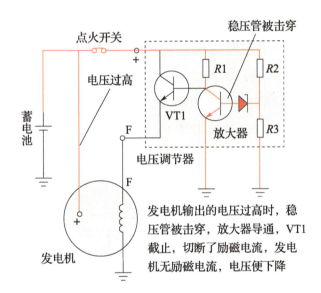

发电机输出的电压过高时，稳压管被击穿，放大器导通，VT1截止，切断了励磁电流，发电机无励磁电流，电压便下降

图 2-2-12 电子式电压调节器工作原理

三、发电机的电路

发电机的励磁电路根据其控制方式的不同可分为调节器控制和微机控制两种。

（1）调节器控制励磁电路 由蓄电池供给磁场电流而发电的方式称为他励发电。发电机转速较低时，自身不能发电，需蓄电池供给发电机励磁绕组电流，他励绕组产生磁场来发电。他励励磁电流的走向为：蓄电池"＋"→点火开关→调节器→发电机 F →励磁绕组→搭铁→"－"，如图 2-2-13 所示。

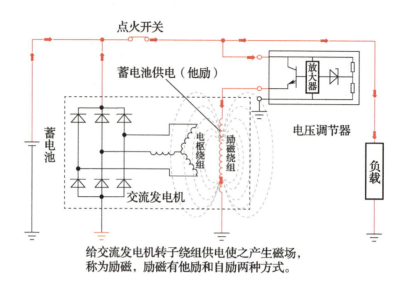

给交流发电机转子绕组供电使之产生磁场，
称为励磁，励磁有他励和自励两种方式。

图 2-2-13　他励发电

　　随着转速的提高（一般在发动机转速达到怠速时），发电机定子绕组的电动势逐渐升高并能使整流器二极管导通。当发电机的输出电压大于蓄电池电压时，发电机就能对外供电了。当发电机能够对外供电时，就可以将自身发的电供给励磁绕组，这种自身供给磁场电流发电的方式称为自励发电。自励励磁电流的走向为：发电机"＋"→点火开关→调节器→发电机 F →励磁绕组→搭铁→"－"，如图 2-2-14 所示。

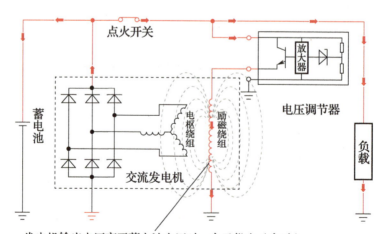

发电机输出电压高于蓄电池电压时，自己供电（自励）

给交流发电机转子绕组供电使之产生磁场，称为励磁，
励磁有他励和自励两种方式。

图 2-2-14　自励发电

　　不同的汽车励磁电路各不相同，但有一个共同特点是励磁电路都必须由点火开关控制。

（2）微机控制励磁电路 微机控制的交流发电机其输出电压由微机进行控制，不但限制发电机最高电压，而且还可以避免怠速时发电机电压过低。交流发电机由点火开关、自动切断继电器和电子控制单元（ECU）共同控制。如图 2-2-15 所示，发电机励磁绕组的一端 B 接自动切断继电器（即 ASD 继电器）的常开触点 87，由自动切断继电器控制实现与电源正极的连接与断开；励磁绕组的另一端 C 接电子控制单元（ECU），由 ECU 控制搭铁。点火开关不是直接串联在励磁电路中控制励磁电路，而是与 ASD 继电器的线圈串联，通过 ASD 继电器间接控制励磁电路。发电机的输出端 A 与蓄电池正极及 ECU 均相连。ECU 上与电源系有关的连接点有 5 个：3 个检测点和 2 个控制点。3 个检测点分别是蓄电池电压检测点 3、ASD 检测点 57 和发动机转速检测点（图中未画出）；2 个控制点分别是 ASD 继电器控制点 51 和发电机励磁控制点 20。

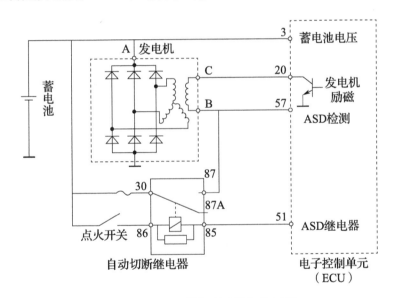

图 2-2-15 微机控制励磁电路

各检测点和控制点的作用如下：

1）蓄电池电压检测点。蓄电池或发电机通过蓄电池电压检测点 3 为 ECU 供电，即使在点火开关断开时，蓄电池仍直接通过蓄电池电压检测点 3 向 ECU 中的存储器等供电，以免存储器中存储的故障码和发动机运行数据丢失。此外，蓄电池电压检测点 3 的信号还有如下作用：

①在发动机工作时，该信号可以表明发电机有无输出电压，并检测电源电压过高或过低故障。

②ECU 根据该信号电压的高低调节发电机的励磁电流，使发电机的输出电压保持在规定值，起到调节器的作用；在发动机怠速运转时，ECU 根据该信号电压的高低，通过控制发动机的怠速转速，调节电流量，以免怠速时蓄电池放电，这是调节器无法实现的。

③根据该信号电压的高低，ECU 对喷油器脉冲宽度和点火闭合角进行修正。

2）ASD 检测点。利用 ASD 检测点 57，ECU 检测自动切断继电器电路工作是否正常。

3）发动机转速检测点。它是 ECU 控制燃油喷射和点火系统的主要依据之一，通过该信号 ECU 还控制自动切断继电器的工作和发动机的怠速，也可以控制发电机励磁电路通断。

4）ASD 继电器控制点。通过 ASD 继电器控制点 51，ECU 控制自动切断继电器工作。当点火开关置于"ON"或"STA"位置时，ECU 使 ASD 继电器线圈搭铁的同时，检测发动机转速信号，如果发动机不转，ECU 将切断 ASD 继电器控制点 51 的搭铁，使通过该点搭铁的自动切断继电器和燃油泵继电器停止工作，切断点火线圈、喷油器、燃油泵和励磁绕组的电源电路。

5）发电机励磁控制点。通过发电机励磁控制点 20，ECU 控制发电机励磁绕组的搭铁。当点火开关置于"ON"或"STA"位置时，ECU 控制发电机励磁绕组搭铁的同时，检测发动机转速信号。如果 ECU 在 3 秒内未接收到发动机转速信号（即发动机不转），ECU 将切断励磁绕组电路；一旦 ECU 接收到发动机转速信号（发动机运转），马上根据蓄电池电压的高低接通或切断励磁绕组搭铁电路。

四、发电机常见故障检修

1. 电源系统故障诊断的基本方法

视频 2　发电机检测

充电系统指示灯用来显示充电系统的工作状态，点火开关位于"ON"档发动机不运转时，该灯点亮，发动机起动后该灯应熄灭。若打开点火开关后该灯不亮或发动机运行后该灯常亮，则说明充电系统出现故障，应对其进行检查。

（1）空载性能诊断

1）将电压表的正负极分别与蓄电池的正负极相连，将钳形直流电流表的检测夹夹到发电机输出端子（B）上的引出导线上，如图 2-2-16 所示。

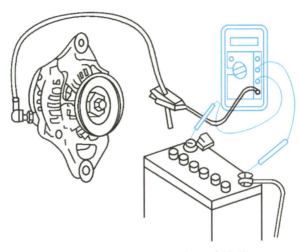

图 2-2-16 检测充电系统性能

2）起动发动机，并将其转速升高到 2000r/min 运行，此时电压表指示的电压（调节电压）应为 13.9~15.1V（25℃），电流表读数应小于 10A。如果调节电压过高或过低应检修或更换调节器；电流过大说明蓄电池充电不足或有故障，应补充充电或更换蓄电池。

（2）负载性能诊断

1）检测仪器的连接同空载性能诊断。

2）起动发动机并使其以 2000r/min 运行。

3）接通前照灯和空调鼓风机，此时调节器电压也应为 13.9~15.1V，电流表读数应大于 30A。若电流表读数小于 30A，则说明发电机功率不足，应拆下检修或更换发电机。

2. 交流发电机电源系统故障诊断与排除

整体式交流发电机的常见故障有不充电或充电电流过小等，以别克威朗为例，说明整体式交流发电机电源系统故障的诊断方法。

（1）不充电故障

1）检查条件：

①发电机传动带的张力正常。

②蓄电池电量充足。

③发电机的搭铁线接触良好。

2）不充电故障诊断与排除步骤，按图 2-2-17 所示顺序进行。

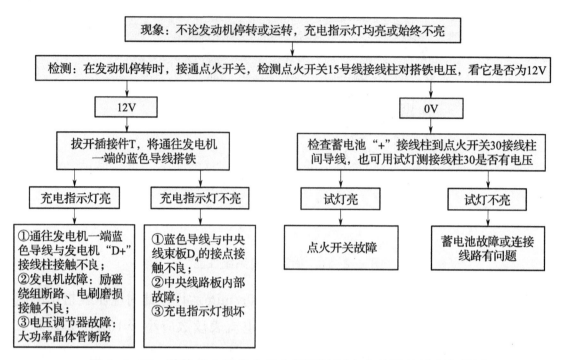

图 2-2-17　整体式交流发电机电源系统不充电故障的诊断与排除

（2）充电电流过小的故障诊断与排除方法　故障诊断与排除步骤按图 2-2-18 所示顺序进行。

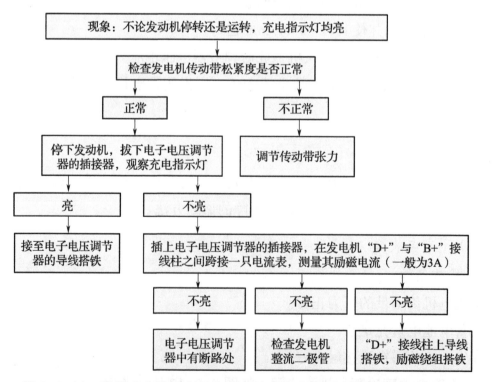

图 2-2-18　整体式交流发电机电源系统充电电流过小故障的诊断与排除

✏️ 课程育人

　　随着我国近年来风力发电、水力发电等发电设备的不断增加，2020—2021年我国发电机组产量快速上升。2021年，我国发电机组产量15954.6万kW，同比增长12.6%。随着我国经济水平的不断发展，我国社会对电力的需求也在不断增加，巨大的电力需求带动了发电机行业的发展。数据显示，2021年，我国全社会用电量达到83128亿kW·h，同比增长10.3%。

　　随着行业市场规模的不断扩大，发电机和发电机组制造业的竞争将进一步加剧。国内优秀的发电机和发电机组制造企业也越来越重视对行业市场的研究，尤其是对行业买家的深入研究。正因为如此，国内一大批优秀的发电机和发电机组制造商迅速崛起，并逐渐成为发电机和发电机组制造业的领导者。

　　⚠️ **思考** 中国发电机行业市场前景如何？

✏️ 巩固提升

一、选择题

　　1. 交流发电机所采用的励磁方法是（　　　）。

　　　　A. 自励

　　　　B. 他励

　　　　C. 先他励，后自励

　　2. 交流发电机中装在元件板上的二极管（　　　）。

　　　　A. 是正极管

　　　　B. 是负极管

　　　　C. 既可以是正极管也可以是负极管

　　3. 交流发电机转子作用是（　　　）。

　　　　A. 发出三相交流电动势

　　　　B. 产生磁场

　　　　C. 变交流为直流

　　4. 发电机中性点输出的电压是发电机输出电压的（　　　）。

　　　　A. 1/2

　　　　B. 1/3

　　　　C. 1/4

5. 发电机调节器是通过调整（　　　）来调整发电机电压的。

    A. 发电机的转速

    B. 发电机的励磁电流

    C. 发电机的输出电流

二、判断题

1. 交流发电机硅整流器中的正极管的负极为发电机的正极。　　　　（　　　）

2. 交流发电机中性点 N 的输出电压为发电机电压的 1/2。　　　　（　　　）

3. 电子调节器中稳压管被击穿时，其大功率晶体管一定处于导通状态。

                                             （　　　）

4. 在三相桥式整流电路中，每个二极管导通的时间占整个周期的 1/2。

                                           （　　　）

5. 内搭铁电子调节器和外搭铁电子调节器可以互换使用。　　　　（　　　）

起动与点火系统常见故障的检修

　　要使发动机由停机状态过渡到工作状态，必须先用外力让发动机的曲轴旋转，活塞做往复运动，气缸内的可燃混合气燃烧膨胀做功，推动活塞向下运动使曲轴旋转，发动机才能自行运转，工作循环才能持续进行。因此，曲轴在外力作用下开始转动到发动机开始自动地怠速运转的全过程，称为发动机的起动。完成起动过程所需的装置，称为发动机的起动系统，如图 3-0-1 所示。

　　点火系统是汽油发动机的重要组成部分，点火系统的性能良好与否对发动机的功率、油耗和排气污染等影响很大。如果点火系统发生故障，就会影响到发动机的动力性、经济性和排气净化等性能，甚至会导致发动机不能工作。点火系统结构如图 3-0-2 所示。

LOCK ⟶ START

图 3-0-1　汽车起动系统

ECU

曲轴位置传感器

凸轮轴位置传感器

点火线圈

火花塞

图 3-0-2　汽车点火系统

学习目标

知识目标

1. 能描述汽车起动系统的组成。

2. 能描述普通起动机、减速起动机的组成及各元件的作用。

3. 能分析对比普通起动机与减速起动机，并能描述各自的特点。

4. 能描述直流串励式电动机的工作特性。

5. 能根据直流串励式电动机的工作特性，正确使用直流串励式电动机。

6. 能够掌握汽车点火系统的组成与类型。

7. 掌握汽车点火系统的结构与工作原理。

技能目标

1. 能根据起动机上的型号等信息，说明起动机的电压、电流和功率等参数。

2. 能分析常见汽车起动系统的电路。

3. 能判断汽车起动继电器的性能。

4. 能描述汽车起动系统的常见故障并能分析原因。

5. 能在车辆上准确找到起动系统各部件，并能描述其安装位置。

6. 掌握万用表、故障诊断仪、示波器、点火正时灯等仪器的正确使用方法。

7. 掌握点火正时检查的正确方式。

8. 掌握点火系统检测和零部件更换的正确操作。

素质目标

1. 培养良好的职业道德和工匠精神。

2. 培养安全意识和团队协作精神。

3. 培养自我管理和自主学习能力。

任务一 起动机的结构与检修

情景导入

　　客户贾先生驾驶一辆 2018 款别克威朗轿车，在起动发动机时能明显听到起动机工作的声音，但发动机没有任何转动的迹象。经 4S 店维修技师检查，初步怀疑故障是起动机驱动齿轮打滑造成的，为了确定故障原因，需对起动机做进一步检测。请你仔细查看服务顾问提供的汽车问诊表，并针对故障进行后续处理。

接车与填写接车问诊表

车牌号：黑A×××× 　车架号：LSGBC1234JG×××××× 　行驶里程：70000（km）
用户名：贾×× 　电话：150×××××××× 　来店时间：2022.9.1
用户陈述及故障发生时的状况：起动车辆时起动机正常工作，但发动机没有转动迹象
接车员检测确认建议：检查起动机
车间检测确认结果及主要故障零部件：
车间检查确认者：

| 外观确认：
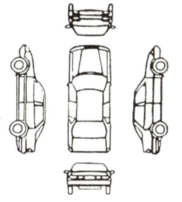
（请在有缺陷部位做标识） | 功能确认：（工作正常√ 不正常 ×）
☑音响系统 ☑门锁（防盗器） ☑全车灯光
☑工具 ☑后视镜 ☑天窗 ☑座椅
☑点烟器 ☑玻璃升降器 ☑玻璃

物品确认：（有√ 无 ×）
　贵重物品提示
☑工具 ☑备胎
☑灭火器 ☑其他（　　　）
旧件是否交还用户
☑是 □否
用户是否需要洗车
☑是 □否 |

检测费说明：本次检测的故障如用户在本店维修，检测费包含在修理费用内；如用户不在本店维修，请您支付检测费。本次检测费：×××元。

贵重物品：在将车辆交给我店检查修理前，已提示将车内贵重物品自行收起并保存好，如有遗失恕不负责。

接车员：王×× 用户确认：贾××

一、起动系统的功用与组成

1. 起动系统的功用

发动机必须依靠外力带动曲轴旋转后，才能进入正常工作状态，通常把汽车发动机在外力作用下，开始转动到怠速运转的全过程称为发动机的起动过程。

视频3 认识汽车起动系统

发动机常用的起动方式有人力起动和电力起动两种形式。人力起动是通过人力带动发动机曲轴旋转，从而起动发动机，如图3-1-1所示。电力起动是通过起动机带动发动机运转，现代汽车广泛采用的是电力起动的形式，电力起动是直流电动机通过传动机构带动发动机起动，它操作简便、起动迅速可靠，且具有重复起动的能力。

将点火开关置于起动位置时，正常情况下，电力起动控制装置接通起动机的电路，使起动机中的直流串励电动机旋转，产生转矩，通过传动机构将电动机的转矩单方向传递给发动机曲轴，带动曲轴旋转，完成发动机的起动。

由于电力起动在现代轿车上普遍应用，下面所提到的起动系统均指电力起动，如图 3-1-2 所示。

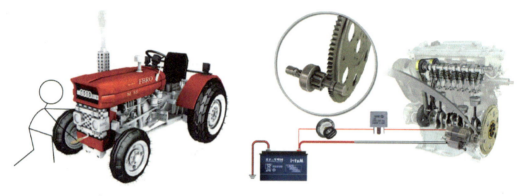

图 3-1-1　人力起动　　　　　　图 3-1-2　电力起动

起动系统的功用是通过起动机将蓄电池的电能转换成机械能，在发动机起动时，用于驱动发动机，直到其能够自行持续转动为止。

2. 起动系统的组成

起动系统由蓄电池、点火开关、起动机、相关线路等组成，如图 3-1-3 所示。

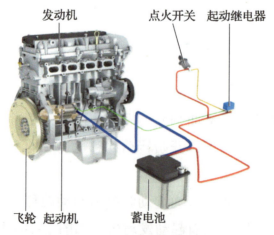

发动机　　　　　　　点火开关　起动继电器

飞轮　起动机　　　蓄电池

图 3-1-3　汽车起动系统组成

二、起动机的组成及功用

汽车起动机通常由直流电动机、传动机构和控制装置三部分组成，如图 3-1-4 所示，其整体结构如图 3-1-5 所示。

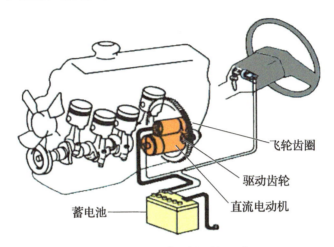

飞轮齿圈
驱动齿轮
直流电动机
蓄电池

图 3-1-4　起动机的组成

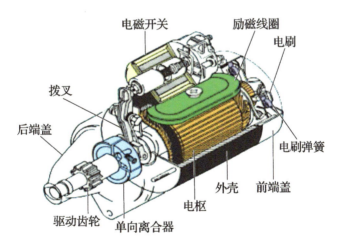

电磁开关　励磁线圈　电刷
拨叉
后端盖
电刷弹簧
驱动齿轮　单向离合器　电枢　外壳　前端盖

图 3-1-5　起动机的整体结构

起动机各部分的作用如下：

1）直流电动机：产生电磁转矩。

2）传动机构：在发动机起动时，使起动机驱动齿轮啮入飞轮齿圈，将起动机转矩传给发动机曲轴；而在发动机起动后，使驱动齿轮打滑与飞轮齿圈自动脱开。

3）控制装置：用来接通和切断起动机与蓄电池之间的电路。在有些汽车上，还具有接入和短接点火线圈附加电阻的作用。

三、起动机的分类

在汽车起动机中，可按总体结构、控制方法和传动机构啮入方式的不同进行分类。

1. 按起动机的总体结构分类

1）电磁控制强制啮合式起动机：直流电动机的磁极采用的是电磁铁。

2）永磁起动机：直流电动机的磁极用永磁材料制成，取消了磁场线圈，可以使结构简化，体积小、重量轻。

3）减速起动机：减速起动机采用高速、小型、低转矩电动机，在传动机构中设有减速装置。其质量和体积可比普通起动机减小 30%~35%，但结构和工艺比较复杂（图 3-1-6）。

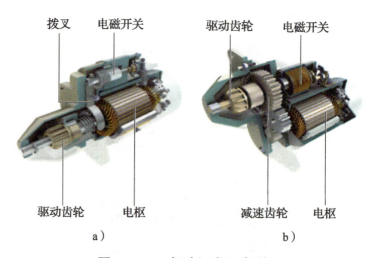

拨叉　电磁开关　　　　驱动齿轮　电磁开关

驱动齿轮　电枢　　　　减速齿轮　电枢

a）　　　　　　　　　b）

图 3-1-6　起动机常见类型

a）普通起动机　b）减速起动机

2. 按控制方法分类

1）机械控制式：通过机械的方式，实现起动机的小齿轮与飞轮齿圈的啮合。

2）电磁控制式：通过电磁控制装置，实现起动机的小齿轮与飞轮齿圈的啮合。

3. 按传动机构啮入方式分类

1）惯性啮合式：起动机的小齿轮通过惯性力实现与飞轮齿圈的啮合。

2）强制啮合式：通过控制装置移动起动机的小齿轮，实现与飞轮齿圈的啮合。

3）电枢移动式：通过控制装置移动起动机的电枢，实现小齿轮与飞轮齿圈的啮合。

目前汽车上广泛采用的是电磁操纵强制啮合式起动机。

四、起动机的性能要求

1）操作简便，起动迅速，具有重复起动能力，并且可以远距离控制。

2）起动时应该平顺，起动机的齿轮与发动机的飞轮齿圈啮合要柔和，不应发生冲击。

3）发动机起动后，起动机的小齿轮应能自动打滑或脱离啮合。

4）发动机正常工作时，起动机的小齿轮不能再进入啮合，防止发生冲击。

5）起动系统应结构简单、工作可靠。

五、起动机的拆装

以下以 2018 款别克威朗为例，详细地介绍起动机的拆装方法和步骤。

视频 4 起动机的更换

1. 拆装作业前准备工作

1）将车辆开至有举升机的维修工位。

2）打开收音机并记录所有的客户预设电台。

3）确保所有车灯和附件关闭。

4）关闭点火开关，拆下点火钥匙。

2. 拆卸蓄电池连接线束

1）打开行李舱盖。

2）打开行李舱地板装饰件。

3）打开蓄电池负极电缆端子盖（图 3-1-7 中的部件 1）。

4）选用套筒、接杆和棘轮扳手拧松蓄电池负极电缆至后地板螺母（图 3-1-7 中的部件 2）。

5）断开蓄电池负极连接电缆。

6）按箭头方向折叠锁闩（图 3-1-7 中的部件 3），以封闭蓄电池负极电缆端子。

7）关上蓄电池负极电缆端子盖。

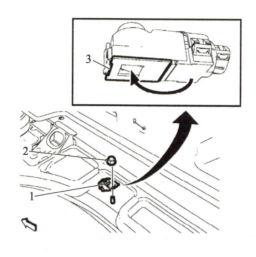

图 3-1-7　蓄电池连接端子示意图

3. 举升车辆

略微提升举升机，依次调整两侧垫块与车辆的举升位置，举升车辆至轮胎离开地面 100~200mm 时停止。按压车辆前部，确认车辆支撑可靠，按压车辆后部确认车辆支撑可靠，确认车辆周边无异常，再次举升车辆，举升车辆至合适高度，确认举升机锁止可靠。注意事项如下：

1）车辆的举升点在车辆底座两个凹槽处。

2）举升车辆时，应排除周围的障碍物，并注意举升平台和周围不能站立人员。检查举升机两边是否同步上升，若发现危险情况，应立即终止举升，并上报处理。

4. 拆卸起动机

1）断开起动机线束插头（图 3-1-8 中的部件 2）。

2）拆下发电机和起动机电缆起动导线螺母（图 3-1-8 中的部件 3）。

3）拆下发电机和起动机共用电缆（图 3-1-8 中的部件 4）。

⚠ **注意**　拆下起动机搭铁电缆（图 3-1-8 中的部件 5），以便于操作起动机螺栓。

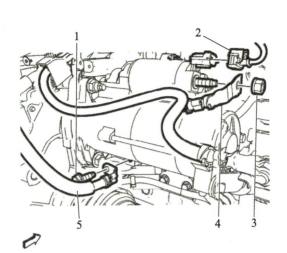

图 3-1-8 起动机连接端子示意图

4）拆下起动机搭铁电缆螺栓（图 3-1-8 中的部件 1）。

5）移除起动机搭铁电缆（图 3-1-8 中的部件 5）。

6）松开起动机线束固定件（图 3-1-9 中的部件 2）。

7）拆下 2 个起动机托架螺栓（图 3-1-9 中的部件 3、4）。

8）拆下起动机托架（图 3-1-10 中的部件 1）。

9）拆下起动机螺栓（图 3-1-10 中的部件 3）。

10）拆下起动机螺母（图 3-1-10 中的部件 1）。

11）取下起动机（图 3-1-10 中的部件 2）。

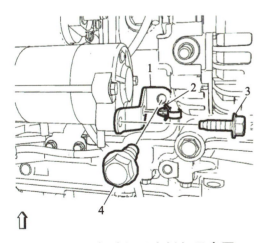

图 3-1-9 起动机固定托架示意图

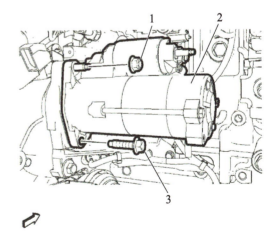

图 3-1-10 起动机固定示意图

5. 安装起动机

1）将起动机放到变速器壳体上对齐安装孔，旋入起动机上部固定螺母

（图 3-1-10 中的部件 1）。

2）旋入起动机下部固定螺栓（图 3-1-10 中的部件 3）。

3）使用套筒、接杆和扭力扳手将螺栓和螺母紧固至规定力矩，其标准力矩为 58N·m。

4）安装起动机托架。

5）安装起动机托架螺栓，使用套筒、接杆和扭力扳手将其紧固至 22N·m。

6）安装起动机托架螺栓，使用套筒、接杆和扭力扳手将其紧固至 58N·m。

7）卡紧线束固定件，避免线束脱落。

8）安装起动机搭铁电缆。

9）安装起动机搭铁电缆螺栓，使用套筒、接杆和扭力扳手将其紧固至 22N·m。

10）安装发电机和起动机共用电缆。

11）安装发电机和起动机电缆起动导线螺母，使用套筒、接杆和扭力扳手将其紧固至 12.5N·m。

12）连接起动机线束插头。

6. 降下车辆

操作举升机，将车辆降低至地面，并迅速用车轮挡块挡住车轮。

7. 连接蓄电池负极的线束

1）按图 3-1-11 中箭头的相反方向折叠锁闩（图 3-1-11 中的部件 3），以打开蓄电池负极电缆端子。

2）打开蓄电池负极电缆端子盖（图 3-1-11 中的部件 1）。

3）连接蓄电池负极电缆。

4）安装蓄电池负极电缆至后地板螺母（图 3-1-11 中的部件 2），并使用套筒、接杆和扭力扳手将其紧固至 9N·m。

5）关上蓄电池负极电缆端子盖（图 3-1-11 中的部件 1）。

6）关上行李舱地板装饰件。

7）关闭行李舱盖。

8）点火开关接通，保持发动机关闭。

9）对易失性存储器编程，如车窗、天窗防夹功能等。

10）设置客户所有的收音机预设电台并将收音机时钟设置为当前时间。注意：请通知客户，停车/起步功能仅在车辆停车至少3h未受打扰后才可使用。

11）如果诊断出停车/起步报修，请进行蓄电池传感器模块的读入程序以验证维修。

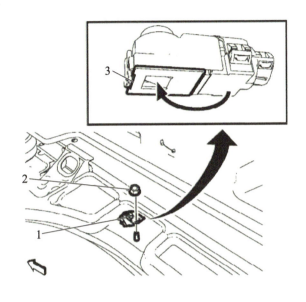

图 3-1-11　蓄电池连接端子示意图

8. 复检

将点火开关旋至 START 档，检查发动机是否能正常起动，各系统自检有无异常。

⚠ **注意**　蓄电池断电后重新连接，应对时钟和音响进行重新设定，若遇到特殊车辆则需要针对个别辅助系统进行定制学习。

六、别克威朗的起动系统控制电路

别克威朗轿车的起动系统控制电路如图 3-1-12 所示，该控制电路主要组成部件有点火开关、K9 车身控制模块、K20 发动机控制模块、K84 无钥匙进入控制模块、B15 变速器内部模式开关、KR73 点火主继电器、KR75 发动机控制点火继电器、KR27 起动机继电器、KR27C 起动机小齿轮电磁执行器继电器、M64 起动机电机、F6UB500A 熔丝、F1BA600A 熔丝、F3UA30A 熔丝、F31UA7.5A 熔丝、F21UA40A 熔丝、F13UA15A 熔丝和相关连接线路。

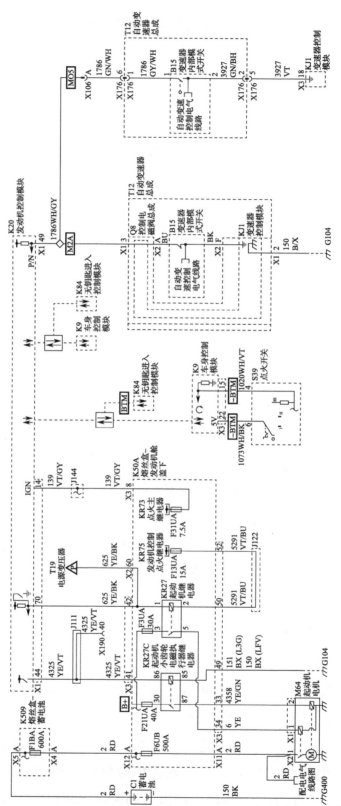

图 3-1-12　别克威朗轿车起动系统控制电路

当点火开关处于 ON 位置时，点火主继电器 KR73 工作，通过 F31UA7.5A 的熔丝给 K20 发动机控制模块的 X1 插接器 14 号针脚提供一个 IG 电源。K20 发动机控制模块工作时，通过 X1 插接器的 49 号针脚识别 T12 自动变速器总成 X1 插接器的 3 号针脚送来的 P/N 信号，用来识别自动变速器的档位是否处于 P 位或者 N 位。当自动变速器处于 P 位或者 N 位时，T12 自动变速器总成 X1 插接器的 3 号针脚便通过 T12 自动变速器总成 X1 插接器的 2 号针脚到 G104 号搭铁点搭铁，K20 发动机控制模块 X1 插接器的 49 号针脚检测到搭铁信号，便能识别到自动变速器处于 P/N 位了。KR27 起动机继电器 1 号针脚与 K20 发动机控制模块的 X1 插接器 70 号针脚相连，由 K20 发动机控制模块提供起动信号；KR27 起动机继电器 2 号针脚由 KR75 发动机控制点火继电器输出的 F13UA15A 的熔丝提供一个电源；KR27 起动机继电器 3 号针脚通过 F3UA30A 的熔丝与蓄电池正极相连，提供一个 +B 电源；KR27 起动机继电器 5 号针脚通过 X50A 熔丝盒（发动机舱盖下）的 X3 插接器 34 号针脚与 M64 起动机 X1 插接器 1 号针脚相连，给起动机的电磁开关提供起动信号。KR27 C 起动机小齿轮电磁执行器继电器的 30 号针脚通过 F21UA40A 的熔丝与蓄电池正极相连，提供一个 +B 电源；KR27C 起动机小齿轮电磁执行器继电器的 87 号针脚通过 X50A 熔丝盒（发动机舱盖下）的 X3 插接器 33 号针脚与 M64 起动机 X1 插接器的 2 号针脚相连，给起动机的驱动齿轮电磁执行器提供结合信号；KR27C 起动机小齿轮电磁执行器继电器的 85 号针脚通过 X50A 熔丝盒（发动机舱盖下）的 X3 插接器 49 号针脚到 G104 号搭铁点搭铁；KR27C 起动机小齿轮电磁执行器继电器的 86 号针脚通过 X50A 熔丝盒（发动机舱盖下）的 X3 插接器 41 号针脚与 K20 发动机控制模块的 X1 插接器 44 号针脚相连，由 K20 发动机控制模块提供起动信号。M64 起动机 X2 插接器的 1 号针脚通过 F6UB500A 熔丝和 F1BA600A 熔丝与 C1 蓄电池相连，给起动机的电机提供电源。S39 点火开关的 4、6 号针脚分别与 K9 车身控制模块 X3 插接器的 22、15 号针脚相连。K9 车身控制模块和 K84 无钥匙进入控制模块与 K20 发动机控制模块通过车载网络进行连接。

当准备起动发动机时，驾驶员需要踩下制动踏板，B15 变速器内部模式开关通过 T12 自动变速器总成 X1 插接器的 3 号针脚送给 K20 发动机控制模块一个 P/N 信号。当点火开关处于起动档时，S39 点火开关 4 号针脚通过 K9 车身控制模块 X3 的 15 号针脚给车身控制模块一个起动信号，该起动信号通过车载网络送给 K20 发动机控制模块。K20 发动机控制模块同时识别到无钥匙进入控制模块的防盗解除信号、P/N 信号和点火开关的起动信号后，便通过 X1 插接器的 42 号针脚送给 KR27 起动机继电器 1 号针脚一个搭铁信号，起动机继电器工作、继电器 3 号和 5 号开关闭合；X1 插接器的 41 号针脚送给 KR27C 起动机小齿轮电磁执行器继电器 86 号针脚一个电源电压，起动机小齿轮电磁执行器继电器工作，继电器 30、87 号开关闭合，F3UA30A 熔丝给 M64 起动机 X1 号针脚一个 B+ 的电压，起动机电磁开关和起动机小齿轮电磁执行器工作，蓄电池 C1 通过 F1BA600A 熔丝和 F6UB500A 熔丝给起动机 X2 插接器的 1 号针脚供电，起动机电机开始工作。

该起动系统控制电路电流走向是：C1 蓄电池→ F1BA600A 熔丝→ F6UB500A 熔丝→ M64 起动机电机 X2 插接器的 1 号针脚；C1 蓄电池 B+ → F3UA30A 熔丝→ KR27 起动机继电器 3 号针脚→ KR27 起动机继电器 5 号针脚→ M64 起动机电机 X1 插接器的 1 号针脚；C1 蓄电池 B+ → F21UA40A 熔丝→ KR27C 起动机小齿轮电磁执行器继电器 30 号针脚→ KR27C 起动机小齿轮电磁执行器继电器 87 号针脚→ M64 起动机电机 X1 插接器的 2 号针脚；KR73 点火主继电器→ F31UA7.5A 熔丝→ K20 发动机控制模块 X1 插接器 14 号针脚；K9 车身控制模块 X3 插接器 22 号针脚→ S39 点火开关 6 号针脚→ S39 点火开关 4 号针脚→ K9 车身控制模块 X3 插接器 15 号针脚；K20 发动机控制模块 X1 插接器 44 号针脚→ X50A 熔丝盒（发动机舱盖下）的 X3 插接器 41 号针脚→ KR27C 起动机小齿轮电磁执行器继电器 86 号针脚→ KR27C 起动机小齿轮电磁执行器继电器 85 号针脚→ X50A 熔丝盒（发动机舱盖下）的 X3 插接器 49 号针脚→ G104 搭铁；K20 发动机控制模块 X1 插接器 70 号针脚→ X50A 熔丝盒（发动机舱盖下）的 X3 插接器 42 号针脚→ KR27 起动机继电器 1 号针脚→ KR27 起动机继电器 2 号针脚→ X50A 熔丝盒（发动机舱盖下）的 X3 插接器 2 号针脚→ X50A 熔丝盒（发动机舱盖下）的 X3 插接器 50 号针脚→ X50A 熔丝盒（发动机舱盖下）的 X3 插接器 52 号针脚→ F13UA15A 熔丝→ KR75 发动机控制点火继电器；K20 发动机控制模块 X1 插接器 49 号针脚→ T12 自动变速器总成 X1 插接器 3 号针脚→ B15 变速器内部模式开关→ T12 自动变速器总成 X1 插接器 2 号针脚→ G104 搭铁。

七、起动机常见故障检修

1. 起动机常见故障现象及其原因分析

起动机是短时间断续工作的电气设备，且工作电流很大，每次连续工作不能超过 5s，重复起动时应停歇 2min。冬季和低温地区冷车起动时，应先使发动机预热后再使用起动机。起动机在连续几次起动不着时，不可继续起动，这时应对起动机、蓄电池以及连接线分别进行检查，找出其故障并予以排除，然后方可继续使用起动机。

以下介绍起动机常见故障现象及排查方法。

（1）起动机不转（无动作、无响应）

1）导线各连接处（导线插接器插入部位）松动、断线、接触不良。

2）点火开关或起动按钮接触不良。

3）起动继电器或组合继电器故障。

4）起动机电磁开关触点烧蚀、氧化。

5）磁场线圈短路、断路、搭铁。

6）活动铁心动作不良。

7）起动机电枢绕组短路、搭铁。

8）起动机电刷磨损、接触不良。

9）ECU 发动机职能保护（未脱档或空档开关损坏）。

10）蓄电池故障或蓄电池储电量严重缺损。

（2）起动机运转无力

1）导线各连接处接触不良。

2）起动继电器或组合继电器触点接触不良。

3）起动机电枢、励磁绕组有短路故障。

4）起动机电刷磨损、电刷弹簧压力不足。

5）起动机换向器烧蚀或有油污。

6）起动机电磁开关接触不良。

（3）起动机空转

1）起动机安装不当或型号匹配错误。

2）单向啮合器打滑。

3）驱动齿轮啮合不好。

4）飞轮齿圈损毁。

5）电动机齿轮严重磨损。

（4）起动机不能停转

1）起动继电器或组合继电器触点烧结。

2）点火开关或起动按钮触点烧结。

3）起动机传动拨叉回位弹簧过软或折断。

4）起动机触点烧结或接触盘弹簧损坏。

5）点火开关不回位、损坏。

（5）驱动齿轮与飞轮齿圈不能啮合

1）起动机单向啮合器弹簧不起作用，驱动齿轮损坏。

2）飞轮螺钉松动。

3）飞轮齿圈损坏。

（6）起动机间歇工作

1）蓄电池亏电较多。

2）起动继电器或组合继电器触点接触不良。

3）起动机电磁开关触点接触不良或电磁开关线圈有间歇短路。

发动机起动系统的常见故障有发动机不能起动（不转动）、发动机转动但不能起动、发动机起动困难、发动机转动缓慢等。起动系统故障现象及故障原因分析见表 3-1-1。

表 3-1-1　汽车起动系统常见故障及原因分析

故障现象	故障原因
发动机不能起动（不转动）	1）蓄电池接线柱或连接线松动 2）蓄电池电量低 3）起动机继电器故障 4）起动机故障 5）变速器档位开关故障（AT 型） 6）点火开关或相关电路故障
发动机转动但不能起动	1）发动机 ECU 故障 2）燃油供给系统故障 3）节气门体故障 4）发动机气缸压缩压力过低 5）发动机正时机构故障

（续）

故障现象	故障原因
发动机起动困难	1）发动机 ECU 故障 2）燃油供给系统故障 3）点火系统故障
发动机转动缓慢	1）蓄电池接线柱或连接线松动 2）蓄电池电量低 3）起动机连接线松动 4）发动机内阻力过大

2. 起动机的检修

（1）起动机牵引测试（图 3-1-13）

1）从起动机端子断开励磁线圈引线。

2）将蓄电池连接至励磁起动机开关，检查并确认小齿轮向外移动。若离合器小齿轮未移动，则更换磁力起动机开关总成。

（2）起动机保持测试（图 3-1-14）

1）从起动机端子断开电缆，检查并确认小齿轮没有朝内回位。

2）将蓄电池连接至励磁起动机开关，检查并确认小齿轮向外移动。若离合器小齿轮未移动，则更换磁力起动机开关总成。

视频 5　检查起动机

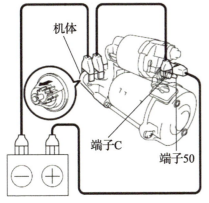 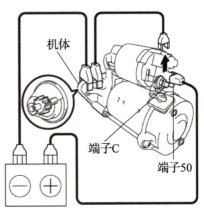

图 3-1-13　起动机牵引测试示意图　图 3-1-14　起动机保持测试示意图

（3）起动机无负载操作测试（图 3-1-15）

1）连接励磁线圈引线至端子 C，紧固力矩为 10N·m。

2）将起动机夹在台虎钳中。

3）将蓄电池、电流表连接到起动机上，记录检测数据并与表 3-1-2 中的标准数据进行比对。若检测结果不符合规定，更换起动机总成。

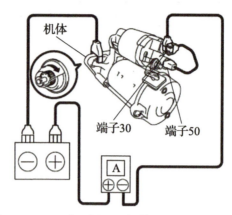

图 3-1-15　起动机无负载操作测试示意图

表 3-1-2　标准电流

检测端子	检测条件	标准数据
蓄电池正极端子—端子 30、端子 50	11.5V	小于 90A

3. 起动机继电器检查

（1）起动机继电器到起动机的线路检测　轻轻地上下或者左右摆动起动机继电器到起动机之间的电气配线，检查导线是否从端子中脱开，如果异常，需要进行紧固或者更换新的配线。

断开起动机上的插接器，查看线头是否被锈蚀或腐蚀，如果有此情况，则需要更换新的配线。

（2）起动机继电器检测　别克威朗轿车的起动机继电器 KR27 和起动机小齿轮电磁执行器继电器 KR27C 在熔丝盒中的安装位置如图 3-1-16 所示，根据表 3-1-3 的值，用欧姆表测量起动机继电器端子 3、5 之间的电阻；如果电阻不符合规定，说明起动机继电器损坏，需要更换起动机继电器。

具体检查操作步骤如下：

1）将点火开关置于"OFF（关闭）"位置，断开 KR27 起动机继电器。

2）测试端子 1 和 2 之间的电阻是否在 $60\sim180\Omega$ 之间。如果小于 60Ω 或大于 180Ω 则更换继电器；如果在 $60\sim180\Omega$ 之间，则说明继电器线圈侧正常。

3）分别测量端子 3 和 2、3 和 5、3 和 1、1 和 5 之间的电阻是否为无穷大，如果电阻不为无穷大则更换继电器；如果电阻为无穷大，则进行下一步检查。

4）在继电器端子 1 和 12 V 电压之间安装一根带 20A 熔丝的跨接线。将一根跨接线安装在继电器端子 2 和搭铁之间。

5）测试端子 3 和 5 之间的电阻是否小于 2Ω。如果等于或大于 2Ω，则更换继电器；如果小于 2Ω，说明继电器正常。

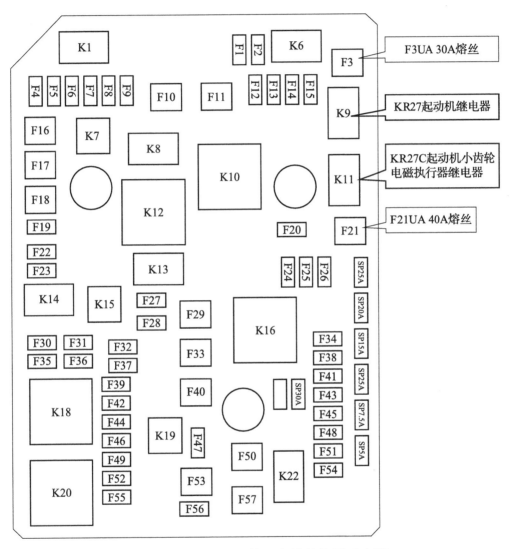

图 3-1-16　X50A 熔丝盒熔丝位置示意图

表 3-1-3　继电器标准数据

检测仪连接	条件	规定状态	
3-5	在端子 1 和 2 之间不施加蓄电池电压	60~180Ω 或更大	
3-5	在端子 1 和 2 之间施加蓄电池电压	小于 2Ω	

📝 课程育人

随着汽车工业技术水平的不断进步，汽车起动机正朝着小型轻量化和装配自动化方向发展。现在汽车上广泛采用体积小、转速高、转矩大的起动机，这类起动机包括刚性啮合式起动机、永磁起动机和减速型起动机等。其中，前两者主要用在安装空间较小的车辆上，用量不大，而减速型起动机应用最广、发展最快，代表着现在汽车起动机发展的主流。

轿车用的起动机要在现有基础上进一步优化电磁设计和结构设计，加大减速比，将减速比提高到 5 以上；应用新材料、新结构，在原有体积的基础上减轻重量，提高输出功率和转矩，增加比功率（kW/kg），使比功率在现有基础上再提高 15% 以上。

要加强对高磁性能材料的研究。如果永磁减速起动机采用稀土永磁材料，体积会更小，重量更轻，比功率更大，要达到提高比功率 15% 以上的目标根本不是问题。但现在稀土永磁材料价格昂贵，居里温度偏低，有待进一步研究。稀土材料研究的成功，将为起动机新技术革新创造美好的前景。

⚠️ **思考** 国内汽车企业为什么要自主研发起动机产品？

📝 巩固提升

一、选择题

1. 起动机中直流串励式电动机所起的作用是（　　　）。
    A. 将电能转化为机械能　　　　B. 将机械能转化为电能
    C. 将电能转化为化学能　　　　D. 将化学能转化为电能

2. 下列不是对起动系统的检查项目是（　　　）。
    A. 衬套是否磨损　　　　　　　B. 电路是否有短路或断路
    C. 换向器是否磨损严重　　　　D. 传动机构是否有电压降

3. 起动机空转的主要原因是（　　　）。
    A. 蓄电池没电　　　　　　　　B. 单向离合器打滑
    C. 换向器脏污　　　　　　　　D. 传动系统损坏

4. 汽车电力起动系统主要由蓄电池、点火开关、（　　　）、起动继电器等组成。
    A. 离合器　　　　　　　　　　B. 制动器

C. 起动机   D. 发动机

5. 起动机由（   ）大部分组成？

    A. 2   B. 3

    C. 4   D. 5

6. 下列情况中造成起动运转无力的原因是（   ）。

    A. 蓄电池正、负极柱上的电缆紧固不良

    B. 蓄电池完全没电

    C. 继电器线圈绕组烧毁

    D. 继电器触点不能闭合

二、判断题

1. 起动机换向器的作用是使直流电动机维持定向运转。   （   ）

2. 直流串励式电动机中，励磁绕组和电枢绕组是串联的。   （   ）

3. 起动机每次连续起动时间不得超过 5s，重复起动时应停歇 15s。（   ）

4. 当起动机电刷磨损到最小极限时，可以不更换新的起动机电刷。（   ）

5. 当在线圈短路检测仪上进行检测时，钢锯片在某些位置产生振动，说明
   电枢绕组有短路现象。   （   ）

任务二 点火系统的结构与检修

情景导入

客户李先生驾驶的一辆别克威朗在发动机怠速运转时车辆有明显的抖动，提速时间较长，当车速达 50km/h 以上时，发动机自检指示灯闪动。经维修接待初步诊断，怀疑点火系统发生故障。请你依据维修接待提供的问诊表进一步确定故障点并进行车辆的检修。

接车与填写接车问诊表

车牌号：黑 A××××× 车架号：LSGBC××××× 行驶里程：70000（km）
用户名：李×× 电话：150×××××××× 来店时间：2022.1.1
用户陈述及故障发生时的状况：车辆怠速抖动，加速无力，急踩加速踏板时出现放炮声
接车员检测确认建议：检查点火系统
车间检测确认结果及主要故障零部件：
车间检查确认者：

外观确认：

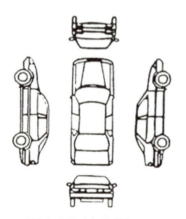

（请在有缺陷部位做标识）

功能确认：（工作正常√ 不正常 ×）
☑音响系统 ☑门锁（防盗器） ☑全车灯光
☑工具 后视镜 ☑天窗 ☑座椅
☑点烟器 ☑玻璃升降器 ☑玻璃

物品确认：（有√ 无 ×）

贵重物品提示
☑工具 ☑备胎
☑灭火器 ☑其他（   ）
旧件是否交还用户
☑是 □否
用户是否需要洗车
☑是 □否

检测费说明：本次检测的故障如用户在本店维修，检测费包含在修理费用内；如用户不在本店维修，请您支付检测费。本次检测费：×××元。

贵重物品：在将车辆交给我店检查修理前，已提示将车内贵重物品自行收起并保存好，如有遗失恕不负责。

接车员：王×× 用户确认：李××

一、点火系统的作用

点火系统是汽油发动机的重要组成部分，点火系统的性能良好与否对发动机的功率、油耗和排气污染等影响很大。

点火系统的作用是将蓄电池或发电机提供的低压电变为高压电，按照发动机的工作顺序和点火时刻，适时准确地将高压电分配给各缸火花塞，使之跳火，点燃气缸内的可燃混合气，如图 3-2-1 所示。

视频 6　电控点火系统基本认知

点火系统应在发动机各种工况和使用条件下都能保证可靠而准确地点火，为此点火系统应满足以下基本要求。

（1）能产生足以击穿火花塞间隙的电压　火花塞电极击穿而产生火花时所需要的电压称为击穿电压。点火系产生的次级电压必须高于击穿电压，才能使火花塞跳火。火花塞电极间隙是火花塞中心电极与侧电极之间的间隙，如图 3-2-2 所示。

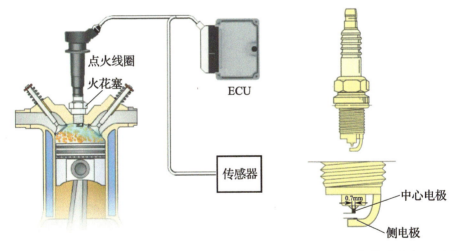

图 3-2-1　点火系统的作用　　　图 3-2-2　火花塞电极示意图

（2）火花应具有足够的能量　发动机正常工作时，不同工况下对电火花能量的要求不一样。因此，为了保证可靠点火，高能电子点火系统一般应具有 80~100MJ 的火花能量，起动时应产生高于 100MJ 的火花能量。

（3）点火时刻应适应发动机的工作情况　首先，点火系统应按发动机的工作顺序进行点火。其次，必须在最有利的时刻进行点火。由于混合气在气缸内燃烧占用一定的时间，所以混合气不应在压缩行程上止点处点火，而应适当提前，使活塞达到上止点时混合气已得到充分燃烧，从而使发动机获得较大功率。

点火时刻一般用点火提前角来表示，即从火花塞开始跳火到活塞到达上止点为止这段时间曲轴转过的角度。如果点火过迟，当活塞到达上止点时才点火，则混合气的燃烧主要在活塞下行过程中完成，气缸内最高燃烧压力降低，导致发动机过热，功率下降。如果点火过早，由于混合气的燃烧完全在压缩过程进行，气缸内的燃烧压力急剧升高，当活塞到达上止点之前即达最大，使活塞受到反冲，不仅使发动机的功率降低，还有可能引起爆燃和运转不平稳现象。

二、点火系统的分类

汽车点火系统按其组成和产生高压电的方式不同，可分为传统点火系统、电子点火系统和微机控制点火系统三种类型。

（1）传统点火系统　传统点火系统是指初级电路的通断由断电器触点控制的点火系统。传统点火系统主要由电源（蓄电池、发电机）、点火开关、点火线圈、分电器（断电器、配电器、电容器）、火花塞、高压导线、附加电阻等组成，如图3-2-3所示。

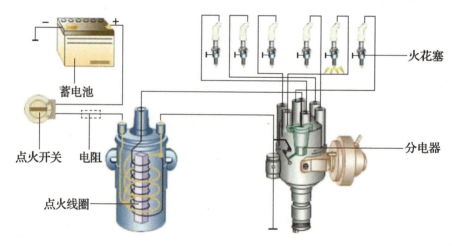

图 3-2-3　传统点火系统

1）传统点火系统工作原理：在传统点火系中，电源供给的低压直流电，经断电器和点火线圈转变为高压电再经分电器分送到各缸火花塞，在火花塞的电极间产生电火花，点燃可燃混合气，使发动机工作。

2）传统点火系统特点：结构简单，成本低廉，但故障率高，高速性能差，已逐步淘汰。

（2）电子点火系统　电子点火系统是指初级电路的通断由晶体管控制的点

火系统，也称晶体管点火系统或"半导体点火系统"。电子点火系统由点火器、高压线、传感器、分电器、火花塞、点火开关、蓄电池组成，如图 3-2-4 所示。

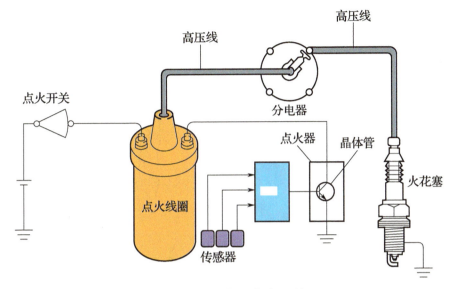

图 3-2-4 电子点火系统

电子点火系统具有高速性能好、点火时间精确、结构简单、质量轻、体积小等优点。它已经逐渐取代传统点火系。

（3）微机控制点火系统 微机控制点火系统是指计算机根据各种传感器输入的信号，经过数学运算和逻辑判断，控制初级电流通断的点火系统。

微机控制点火系统可根据不同分类方式进行分类：根据高压配电方式可分为有分电器式和无分电器式，无分电器式又可以根据点火方式分为单缸点火方式和双缸同时点火方式；根据是否有反馈控制可分为开环控制方式和闭环控制方式。

三、微机控制点火系统的组成

微机控制点火系统的基本装置包含了电源、传感器、电子控制单元、点火线圈、高压电分配装置、高压线及火花塞等。现代的点火提前装置则已改由发动机 ECU 所控制，ECU 收集发动机转速、进气歧管压力或空气流量、节气门位置、蓄电池电压、水温、爆燃等信号，算出最佳点火正时提前角度，再发出点火信号，达到控制点火正时的目的。现代汽车使用的点火系统主要包括电源系统、电子控制单元（ECU）、点火开关、带点火器的点火线圈、火花塞、各种传感器等，如图 3-2-5 所示。

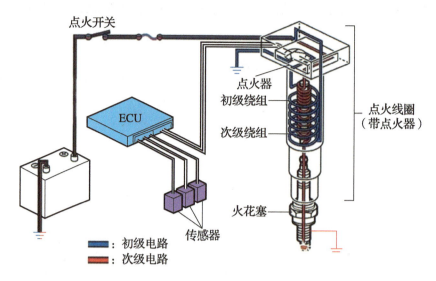

图 3-2-5　微机控制点火系统组成

1. 点火控制器

点火控制器又称为点火电子组件或点火器，是发动机控制系统的执行器，是根据微机发出的指令信号，通过内部大功率晶体管的导通与截止来控制点火线圈初级绕组电路的通断，使点火线圈产生高压电。点火控制器取代了传统点火系统中断电器的触点，将点火信号发生器输出的点火信号整形、放大，转变为点火控制信号，控制点火线圈初级绕组中电流的通断，以便在次级绕组中产生高压电，供火花塞点火。点火控制器的基本电路包括整形电路、开关信号放大电路、功率输出电路等。点火控制器的结构如图 3-2-6 所示。

图 3-2-6　点火控制器

2. 点火线圈的结构与工作原理

点火装置的核心部件是点火线圈和开关装置，如图 3-2-7 所示为单独点火方式用点火线圈，其结构如图 3-2-8 所示。

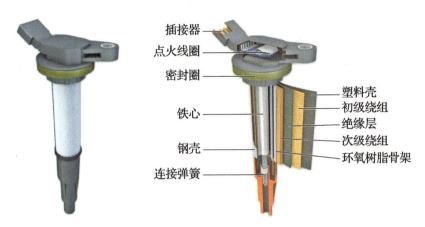

图 3-2-7　单独点
火方式用点火线圈

图 3-2-8　单独点火方式用点
火线圈剖面图

点火模块和点火线圈形成一个点火组件，单独点火方式点火系统中，每个气缸独立使用一个点火模块，各缸点火线圈的初级绕组分别由点火器中的一个功率晶体管控制，整个点火系统的工作由 ECU 控制，如图 3-2-9 所示。

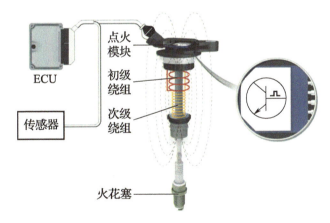

图 3-2-9　单独点火方式用点火线圈工作原理

点火模块接收 ECU 的点火控制信号，当某缸的控制信号为低电平时，点火器中对应此缸的功率晶体管导通，点火线圈通电；当某缸的控制信号变为高电平时，对应的晶体管截止，磁场迅速消失，线圈中电流被切断，次级绕组产生高压电，高压电送至火花塞跳火。

3. 火花塞

火花塞的功用是将点火线圈产生的脉冲高电压引入燃烧室，并在其两电极之间产生电火花，以点燃可燃混合气，如图 3-2-10 所示。

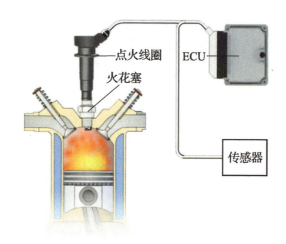

图 3-2-10　火花塞

　　火花塞连接在点火线圈次级绕组末端，它主要由陶瓷绝缘体、接线螺杆、接线螺母、中心电极、侧电极等组成，如图 3-2-11 所示。钢质的火花塞壳体内部固定有陶瓷绝缘体，绝缘体中心孔上部有金属接线螺杆，接线螺杆上端有接线螺母，用来接高压导线；绝缘体下部有中心电极。

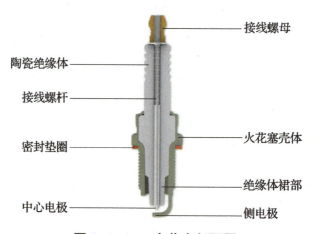

图 3-2-11　火花塞剖面图

4. 电子控制系统

　　（1）传感器　传感器是监测发动机各种运行工况信息的装置，与点火控制有关的传感器主要有曲轴位置传感器、凸轮轴位置传感器、爆燃传感器等。

　　1）曲轴位置传感器。曲轴位置传感器又称发动机转速与曲轴转角传感器，安装在曲轴的前部、中部或飞轮上，是控制点火时刻、确认曲轴位置不可或缺的信号源，如图 3-2-12 所示。其功用、分类及结构如下：

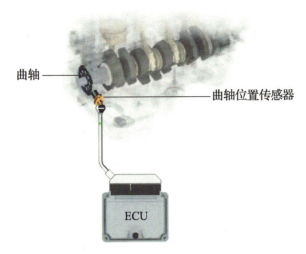

图 3-2-12 曲轴位置传感器

①曲轴位置传感器功用。曲轴位置传感器的功用是采集曲轴转动角度信号、曲轴位置信号和发动机转速信号，并将这些信号输入 ECU，ECU 用此信号控制燃油喷射量、喷油正时、点火时刻（点火提前角）、点火线圈通电时间、怠速转速及电动汽油泵的运行等，如图 3-2-13 所示。

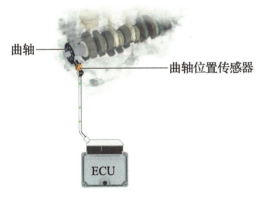

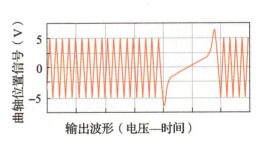

曲轴位置传感器功用是采集曲轴位置信号，输入ECU，以便确定点火时刻和喷油时刻。

图 3-2-13 曲轴位置传感器的功用

②曲轴位置传感器分类及结构。曲轴位置传感器是发动机电子控制系统中最重要的传感器之一，可分为磁感应式、霍尔式和光电式三种，如图 3-2-14 所示。其中最常用的是磁感应式曲轴位置传感器和霍尔式曲轴位置传感器。

磁感应式曲轴位置传感器主要由铁心、永久磁铁、插接器针脚、线圈、壳体、密封圈等组成，如图 3-2-15 所示。其中永久磁铁上带有一个传感器磁头，传感器磁头与导磁板连接构成导磁回路。

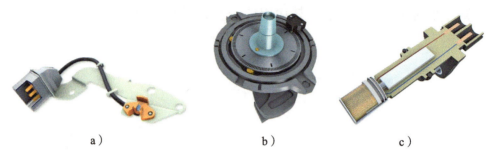

a）　　　　　　　　　　b）　　　　　　　　　　c）

图 3-2-14　曲轴位置传感器的分类

a）霍尔式　b）光电式　c）磁感应式

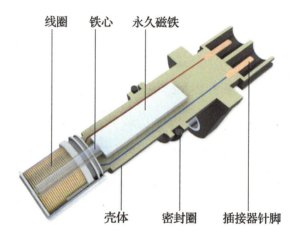

线圈　　铁心　　永久磁铁

壳体　　密封圈　　插接器针脚

图 3-2-15　磁感应式曲轴位置传感器结构

霍尔式曲轴位置传感器主要由永久磁铁、插接器、霍尔元件、导磁软铁、连接支架等组成，如图 3-2-16 所示。

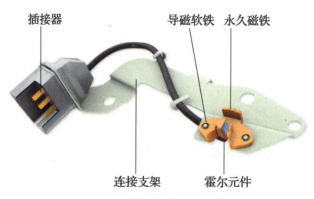

插接器　　　　　　　导磁软铁　永久磁铁

连接支架　　　　霍尔元件

图 3-2-16　霍尔式曲轴位置传感器结构

2）凸轮轴位置传感器。凸轮轴位置传感器是用来检测凸轮轴位置的一个信号装置，是点火主控制信号，一般安装在凸轮轴罩盖前端对着进排气凸轮轴前端的位置，如图 3-2-17 所示。其功用、分类及结构如下：

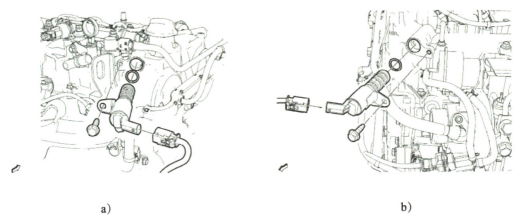

a)   b)

图 3-2-17　凸轮轴位置传感器的安装位置

a）进气凸轮轴位置传感器　b）排气凸轮轴位置传感器

①凸轮轴位置传感器功用。凸轮轴位置传感器的功用是采集凸轮轴位置信号，并将信号输入 ECU；采集到的信号是发动机 ECU 的判缸信号，用来确定哪个气缸处于压缩状态。凸轮轴位置传感器与曲轴位置传感器配合工作，使发动机 ECU 能准确判定活塞上止点位置，从而精确地进行喷油控制、点火正时控制及配气正时控制等，如图 3-2-18 所示。

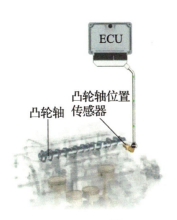

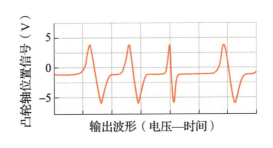

凸轮轴位置传感器功用是采集凸轮轴位置信号，输入ECU作为判缸信号，从而控制喷油顺序和点火时刻等

图 3-2-18　凸轮轴位置传感器的功用

②凸轮轴位置传感器分类及结构。与曲轴位置传感器类似，凸轮轴位置传感器也可以分为三种：霍尔式凸轮轴位置传感器、光电式凸轮轴位置传感器和电磁式凸轮轴位置传感器，如图 3-2-19 所示。其中常用的是霍尔式凸轮轴位置传感器。

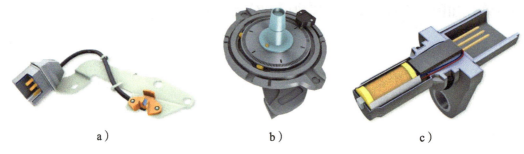

a）　　　　　　　　　　b）　　　　　　　　　　c）

图 3-2-19　凸轮轴位置传感器的分类

a）霍尔式　b）光电式　c）电磁式

　　霍尔式凸轮轴位置传感器主要由霍尔 IC、插接器针脚、壳体、密封圈等组成，如图 3-2-20 所示。

　　3）爆燃传感器。发动机的爆燃是指发动机气缸内的可燃混合气在火焰前锋尚未到达之前自行燃烧，导致压力急剧上升而引起缸体振动的现象。在发动机工作的临界点或有轻微爆燃时，发动机热效率最高，动力性和经济性最好，但剧烈的爆燃会使发动机的动力性和经济性严重恶化。图 3-2-21 所示为别克威朗爆燃传感器。爆燃传感器的功用和分类如下：

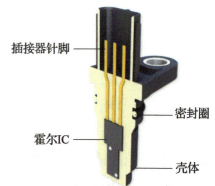

插接器针脚

密封圈

霍尔IC

壳体

图 3-2-20　霍尔式凸轮轴位置传感器结构

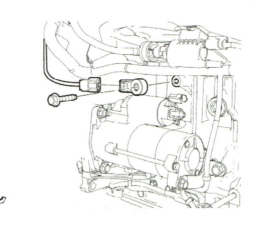

图 3-2-21　别克威朗爆燃传感器

　　①爆燃传感器功用。爆燃传感器安装在发动机缸体上，通过检测发动机缸体的振动，判断有无爆燃发生及爆燃强度，并将发动机爆燃信号转换为电信号输入发动机 ECU，以便 ECU 修正点火提前角，其目的是提高发动机动力性能

的同时不产生爆燃。

②爆燃传感器分类。爆燃传感器主要有磁致伸缩式爆燃传感器和压电式爆燃传感器两种，而压电式爆燃传感器又分为共振型爆燃传感器和非共振型爆燃传感器，如图 3-2-22 所示。

a） b） c）

图 3-2-22 爆燃传感器分类

a）磁致伸缩式 b）共振型压电式 c）非共振型压电式

（2）电控单元（ECU） 电控单元由中央处理器（CPU）、存储器（RAM、ROM）、输入输出接口（I/O）、模/数和数/模转换器（A/D、D/A）以及整形、驱动电路等组成。

在发动机集中控制系统中，电控燃油喷射系统和电子点火系统的控制器是合为一体的，如图 3-2-23 所示。

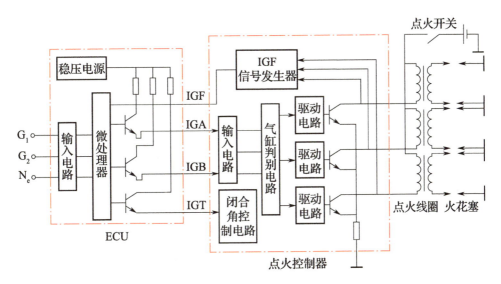

图 3-2-23 点火系统控制

（3）执行器 微机控制点火系统的执行器主要为点火器，其作用是根据电子控制器输出的指令（信号），通过内部大功率管的导通与截止，控制初级电流的通断完成点火工作。

四、微机控制点火系统的原理

1. 微机控制点火系统的工作原理

微机控制点火系统由各种传感器检测发动机的工况信息，并送给 ECU 进行分析和计算。ECU 根据曲轴位置确定初始点火提前角，并依据发动机转速和负荷信号从存储器中调出基本点火提前角的原始数据；再根据传感器信号，对基本点火提前角进行修正；最后向点火器发出点火控制信号。点火器接收 ECU 发出的点火控制信号，在最佳时刻接通和断开点火线圈初级电路，点火线圈次级绕组产生高压电，使火花塞跳火点燃混合气。

2. 点火控制调整

1）点火提前角控制：发动机工作时，将当前工况和状态下的最佳点火提前角与当前的点火提前角比较，不一致，则输出调整的点火控制脉冲信号；一致，则说明已处于最佳点火状态，控制器输出原控制信号。

2）闭合角控制：闭合角控制是指对点火线圈初级电路通电时间的控制。

3）爆燃控制：工作原理如图 3-2-24 所示。在爆燃控制中采用爆燃传感器检测发动机是否产生爆燃，如果有爆燃，ECU 减小点火提前角（每次推迟 0.5°~1.5°），直到爆燃消失 ECU 又逐渐加大点火提前角，使发动机工作在爆燃的边缘，而又不发生爆燃，此时发动机热效率最高，动力性、经济性最好。

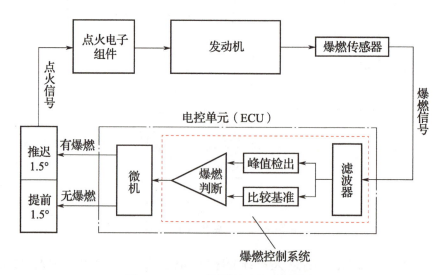

图 3-2-24　爆燃控制工作原理

利用爆燃传感器对点火提前角进行闭环控制，可以降低对各传感器精度的要求。

五、点火系统常见故障的检修

1. 火花塞常见故障

发动机运转过程中，火花塞除了承受较大的电负荷外，还与高温、高压可燃混合气直接接触，且受到燃烧产物的强烈腐蚀。正常情况下，火花塞绝缘体端部呈浅褐（灰）色，表面没有燃油或机油沉积物，说明热值正确且点火正常。因火花塞属于汽车易损件消耗用品，且受燃油品质、自身工艺质量、工作环境等影响，使用中故障率较高，现列举其常见的几种故障如下：

（1）积炭

1）现象：火花塞上有松软、乌黑的沉积物，表明有积炭，如图 3-2-25 所示。

2）原因：

①可燃混合气比例不正确、空气滤清器堵塞等造成的混合气过浓。

②发动机温度过低，燃烧不完全。

③燃油质量太低或变质，燃烧不正常。

④火花塞太冷、热值太低。

3）后果：积炭是可以导电的，可能造成火花塞失火。

（2）机油油污

1）现象：火花塞电极和内部出现油性沉积物，表明机油进入燃烧室内，如图 3-2-26 所示。

图 3-2-25　火花塞积炭　　　图 3-2-26　火花塞上有油性沉积物

2）原因：个别火花塞上有油性沉积物，可能是气门杆油封损坏造成的；各个缸体的火花塞都粘有这种沉积物，则说明气缸蹿油。当空气滤清器和通风装置堵塞时，气缸极易出现蹿油。

3）后果：机油沉积物覆盖火花塞会使火花塞无法通过间隙跳火，而是通过机油从更短的路径跳火到侧电极。

（3）积灰

1）现象：火花塞中心电极及侧电极表面覆盖有浅褐色沉积物，如图 3-2-27 所示。

2）原因：积灰是由于过多的机油添加剂引起的。积灰若出现在火花塞半边，说明发动机上部磨损严重；积灰包围电极，说明发动机下部磨损严重。

3）后果：积灰可引起自点火，造成功率损失或损坏发动机。

（4）爆燃

1）现象：绝缘体顶端破裂，如图 3-2-28 所示。

图 3-2-27　火花塞积灰　　　　图 3-2-28　火花塞爆燃

2）原因：爆燃是绝缘体破裂的主要原因。点火时刻过早、汽油辛烷值低、燃烧室内温度过高都可能导致发动机爆燃。

3）后果：相同的振动也会损坏其他发动机零部件，如活塞和气门。

（5）瓷件大头爬电

1）现象：绝缘体上出现垂直于铁壳方向黑色燃烧痕迹，如图 3-2-29 所示。

图 3-2-29　火花塞瓷件大头爬电

2）原因：由于安装不好或火花塞连接线套老化，导致点火高压沿着瓷体外部闪络接地。

3）后果：导致发动机失火。

因此，检修火花塞对于判断发动机运转情况显得尤为必要，其检修内容主要包括：检查电火花、检查火花塞电极、检查火花塞电极间隙（中心电极和侧电极的空气间隙）。

2. 点火线圈常见故障

（1）点火线圈常见故障种类　点火线圈燃烧电压低，或不产生燃烧电压，会造成发动机怠速不稳、间断熄火、不能起动。点火线圈常见的故障如下：

1）点火线圈绕组短路，会使点火线圈产生的电压过低，造成点火能量不足，会造成火花塞电极黑得太快（经常被积炭污染）。

2）点火线圈断路或接地，不产生高压电，无法点火。

3）点火线圈表面放电，是指在点火线圈外表面出现了放电跳火现象。引起表面放电的主要原因是表面有污物和严重受潮。表面放电常发生在高压引出螺钉附近，因此在高压引出螺钉与高压线的连接部位通常装有护套。出现表面放电时，往往可在放电部位见到烧损痕迹。当烧损较轻微时，可清除烧损物并做好绝缘处理。

4）点火线圈绝缘老化，其原因是热车后的高温或高速大负荷工况下的频繁点火，使点火线圈温度迅速升高。而点火线圈自身的绝缘老化，使其在高温、高电压下发生放电短路，导致点火线圈初级绕组和次级绕组实际的匝数比变小，使次级绕组产生的电压值降低，造成突然熄火、车速上不去的故障。点火线圈工作温度一般不超过80℃，否则造成点火线圈过热。点火线圈过热会使点火线圈内部的绝缘物质熔化，加速点火线圈损坏。

（2）点火线圈检测诊断方法　点火线圈的检测主要包括外壳的清洁检查，以及检查高低压线圈是否短路、断路、搭铁和发出火花强度是否符合要求等。其主要内容包括：检查点火线圈的外表、外壳是否完好，型号是否相符合；有无裂损或绝缘物溢出，各接线柱连接是否牢靠，若发现绝缘盖破裂或外壳损伤，因容易受潮而失去点火能力，应予以更换；检查高低压线圈是否短路、断路和低压线圈是否搭铁；检查高压线座孔是否完好，必要时修复；进行初、次级绕组断路、短路、搭铁检验，用万用表测量点

视频7　点火线圈的更换与检测

火线圈的初级绕组、次级绕组以及附加电阻的电阻值，应符合技术标准，否则说明有故障，应予以更换。具体方法如下：

1）测量电阻法。主要包括：

①检查初级绕组电阻：用万用表电阻档测量"+"与"-"端子间的电阻。

②检查次级绕组电阻：用万用表电阻档测量"+"与中央高压端子间的电阻。

③检查电阻器的电阻：用万用表直接接于电阻器的两端子上。

2）试灯检验法。将220V试灯接在初级绕组的接线柱上，灯亮则表示无断路故障，否则便是断路。当检查绕组是否有搭铁故障时，可将试灯的一端与初级绕组相连，另一端接外壳，如灯亮，便表示有搭铁故障，否则为良好。短路故障用试灯不易查出。对于次级绕组，因为它的一端接于高压插孔，另一端与初级绕组相连，所以检验中，当试灯的一个触针接高压插孔，另一触针接低压接柱时，若试灯发出亮光，说明有短路故障；若试灯暗红，说明无短路故障；若试灯根本不发红，则应注意观察，当将触针从接柱上移开时，看有无火花发生，如没有火花，说明绕组已断路。因为次级绕组和初级绕组是相通的，若次级绕组有搭铁故障，在检查初级绕组时就已反映出来了，无须检查。

（3）点火线圈绝缘性能检测　对此点火线圈故障最好是在动态下检测，具体方法如下：

1）在试车中，故障出现时用示波仪检测波形。如热车后波形发生变化，必须更换。

2）在试车中，故障出现的第一时间，用红外线测温仪检测次级绕组的工作温度，如超过95℃，说明点火线圈绝缘老化，内部有短路点，必须更换。

3）在试车中，故障出现的第一时间，用欧姆表检测次级绕组的电阻值，如热车后电阻值明显变小，说明内部短路，必须更换。

（4）发火强度检测

1）在万能电器试验台上检验火花强度及连续性。检查点火线圈产生的高电压时，可与分电器配合在试验台上进行试验，如果三针放电器的火花强，并能击穿5.5mm以上的间隙时，说明点火线圈发火强度良好。检验时将电极间隙调整到7mm，先以低速运转，待点火线圈的温度升高到工作温度（60～70℃）时，再将分电器的转速调至规定值（一般4、6缸发动机用的点火线圈的转速为

1900r/min，8 缸发动机的为 2500r/min），在 0.5min 内，若能连续发出蓝色火花，表示点火线圈良好。

2）用对比跳火的方法检验。此方法在试验台上或车上均可进行，将被检验的点火线圈与好的点火线圈分别接上进行对比，看其火花强度是否一样。点火线圈经过检验，若内部有短路、断路、搭铁等故障，或发火强度不符合要求时，一般均应更换新件。

3. 火花塞拆装检查

（1）拆卸火花塞　具体操作步骤如下：

1）拆卸发动机盖板，如图 3-2-30 所示。

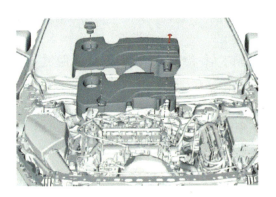

图 3-2-30　拆卸发动机盖板

视频 8　火花塞
的更换与检测

2）断开蓄电池负极电缆。

3）拆卸点火线圈电气插接器，如图 3-2-31 所示。

4）拆卸点火线圈紧固件，如图 3-2-32 所示。

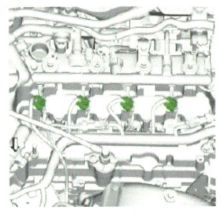

图 3-2-31　拆卸点火线圈电气插接器

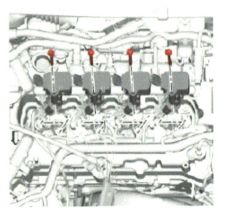

图 3-2-32　拆卸点火线圈紧固件

5）拆卸点火线圈，如图 3-2-33 所示。

6）拆卸火花塞，如图 3-2-34 所示。

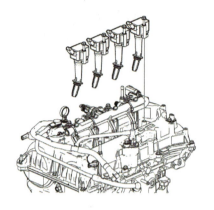

图 3-2-33　拆卸点火线圈

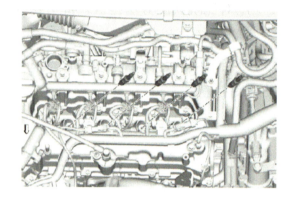

图 3-2-34　拆卸火花塞

⚠ **注意**　拆卸火花塞之前，要检查火花塞套筒橡胶是否损坏；火花塞套筒必须与火花塞中心对正。

（2）检测火花塞　主要检测内容如下：

1）火花测试。具体步骤如下：

①断开 4 个喷油器插接器。

②用火花塞钳子夹持火花塞，放置于气缸盖上。

③起动发动机但持续时间不超过 2s，并检查火花。正常状态下，电极间隙间跳火。

⚠ **注意**　不要使发动机起动超过 2s。

2）检测火花塞电极间隙。使用塞尺测量火花塞电极间隙，如图 3-2-35 所示，记录检测数据并与表 3-2-1 中的标准数据进行对比。

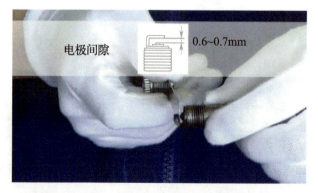

图 3-2-35　用塞尺测量火花塞电极间隙

表 3-2-1　标准间隙

检查内容	标准状态
火花塞间隙	0.60~0.70mm

⚠ **注意**　如果电极间隙大于标准值，更换火花塞，不要调整电极间隙。

3）火花塞的目视检查。具体情况如下：

①正常工作。棕色至浅灰褐色，且带少量白色粉状沉积物，是带添加剂的燃油正常燃烧的副产品。

②积炭。干燥、蓬松的黑炭或烟灰，主要由以下情况产生：燃油混合气过浓、燃油喷射器泄漏、燃油压力过大、空气滤清器滤芯堵塞、燃烧不良、点火系统电压输出减小、线圈不耐用、点火导线磨损、火花塞间隙不正确；此外，长时间怠速运行或在轻载下低速行驶可导致火花塞始终处于低温状态，使得正常燃烧沉积物无法燃尽。

③沉积物污染。主要是机油、冷却液或含硅等物质的添加剂（降低火花强度，颜色很白的覆盖层），大多数粉状沉积物除非在电极上形成了烧结物，否则不会影响火花强度。

④若火花塞电极部分的颜色不正常，则根据规定进行清洁或更换。

⑤若火花塞烧蚀严重，则必须更换火花塞。

4）火花塞检查。如图 3-2-36 所示，主要内容包括：

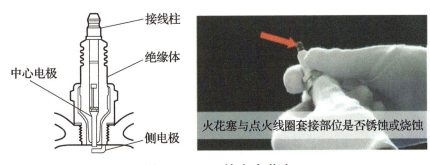

图 3-2-36　检查火花塞

①检查接线柱是否损坏，检查其是否弯曲或断裂；通过拧动和拉动接线柱的方式，测试接线柱是否松动，端子接线柱应不晃动。

②检查绝缘体是否击穿或有炭痕、炭黑，这是由接线柱和接地点之间的绝缘体两端之间放电而引起的。检查是否存在以下情况：检查火花塞套管是否损

坏；检查气缸盖的火花塞凹槽区域是否潮湿，如有机油、冷却液或水。火花塞套管完全受潮后会引起对地的电弧放电。

③检查绝缘体有无裂纹。全部或部分电荷可能通过裂缝而不是电极进行电弧放电。

④检查是否有异常电弧放电的迹象。主要内容是测量中心电极和侧电极端子之间的间隙（参见点火系统规格），电极间距过大，可能会妨碍火花塞正常工作。

⑤检查火花塞的安装力矩是否正确。力矩不足可能妨碍火花塞正常工作；火花塞紧固力矩过大会引起绝缘体开裂。

⑥检查绝缘体尖端而不是中心电极附近是否有漏电迹象。

⑦检查侧电极是否断裂或磨损。

⑧通过摇动火花塞检查中心电极是否断裂、磨损或松动。如果有咔嗒声，说明出现了内部故障；中心电极若松动，会降低火花强度。

⑨检查侧电极与中心电极之间是否存在搭桥短接现象，电极上的积炭会减小甚至消除它们的间隙。

⑩检查电极上的铂层是否磨损或缺失（若装备）。

⑪检查电极是否过于脏污。

⑫检查气缸盖的火花塞凹槽区域是否有碎屑。螺纹变脏或损坏可能导致火花塞在安装过程中无法正确就位。

（3）安装火花塞　操作步骤如下：

1）用磁棒吸住火花塞或用带有固定装置的火花塞套筒将火花塞放入火花塞安装孔。

2）用手旋转带入火花塞扳手。

3）使用扭力扳手以规定力矩拧紧火花塞。

（4）安装点火线圈　操作步骤如下：

1）安装点火线圈。

2）以规定力矩拧紧点火线圈紧固件。

3）连接点火线圈电气插接器。

4）安装蓄电池负极电缆。

5）安装发动机盖板。

6）起动车辆，检查车辆行驶是否正常，确认车辆故障是否消失。

📝 课程育人

时至今日电控汽车呈现出了智能化、自动化的发展特点。从当前该技术的发展情况来看，故障码自诊断及专家系统诊断已经成为电控汽车故障诊断的重要技术。在相关诊断技术的应用过程中，应当充分考虑不同车系车型所适用的故障码调取与消除方法。根据对该技术当前发展情况的分析，在未来其故障诊断则更加趋向于智能化，故障识别速度会更加快速，运行监视的自动化特点也会更加明显，故障信息共享将会进一步打破故障诊断、维修等多方的信息孤岛情况，同时，其技术研究会更加深入。

对于相关从业者而言，应当立足实际，不断更新自身故障诊断技术及专业化知识，以满足电控汽车故障诊断及维修的需要。

⚠️ **思考** 点火系统常见的故障现象有哪些？应该怎样诊断排除？

📝 巩固提升

一、选择题

1. 点火模块接收（　　）的点火控制信号，当点火模块接收到点火指令时，点火控制器晶体管导通，初级电流流过初级绕组产生磁场。
   A. ECU
   B. 初级绕组
   C. 火花塞
   D. 次级绕组

2. 火花塞主要由陶瓷绝缘体、接线螺杆、接线螺母、中心电极和（　　）等组成。
   A. 密封圈
   B. 插接器
   C. 塑料壳
   D. 侧电极

3. 凸轮轴位置传感器的功用是采集凸轮轴位置信号，并将信号输入（　　）。
   A. 凸轮轴
   B. 凸轮轴位置传感器
   C. ECU
   D. 电流表

4. 霍尔式凸轮轴位置传感器是利用（　　）来改变通过霍尔元件的磁场强度。
   A. 叶片
   B. 磁铁
   C. 软铁
   D. 霍尔元件

5. 将发动机爆燃信号转换为电信号输入发动机 ECU，以便 ECU 修正（ ）。

    A. 点火提前角　　　　　　　　　B. 爆燃信号

    C. 振动频率　　　　　　　　　　D. 气缸内压力

6. ECU 通过控制点火时刻防止爆燃，有爆燃则（ ）点火时刻。

    A. 减小　　　　　　　　　　　　B. 推迟

    C. 增大　　　　　　　　　　　　D. 提前

二、判断题

1. 点火模块和点火线圈形成一个点火组件，每个气缸独立使用一个点火组件。（ ）

2. 点火线圈由初级绕组、次级绕组、点火模块等组成。（ ）

3. 磁感应式曲轴位置传感器和霍尔式曲轴位置传感器的结构中都有永久磁铁。（ ）

4. 凸轮轴位置传感器是检测凸轮轴位置的一个信号装置，是点火主控制信号。（ ）

5. 凸轮轴位置传感器采集到的信号是发动机 ECU 的判缸信号，用来确定哪个气缸处于非压缩状态。（ ）

6. 凸轮轴位置传感器与曲轴位置传感器分开工作，没有任何联系。（ ）

7. 爆燃传感器安装在发动机缸体上，它通过检测发动机缸体的振动，判断有无爆燃发生及爆燃强度。（ ）

8. 磁致伸缩式爆燃传感器是一种光感式传感器。（ ）

9. 爆燃传感器是利用压电陶瓷的压电效应将振动转化为电压信号输入 ECU 的。（ ）

照明与信号系统常见故障的检修

为了保证汽车行驶的安全性，减少交通事故和机械事故的发生，汽车上都装有多种照明设备和灯光信号装置，如图 4-0-1 所示为汽车前照灯。照明系统的主要作用是在夜间行车时帮助驾驶员和乘客获得外界信息；信号系统的主要作用是向外界提供行车信息，以提高行车安全性、减少交通事故的发生。

本项目主要通过照明与信号系统相关知识的学习，了解照明与信号系统的功用、基本组成及工作原理，掌握照明与信号系统常见故障的检修。

图 4-0-1　汽车前照灯

📝 学习目标

视频9　汽车信号系统基础认知

知识目标

1. 能够说出汽车前照灯的功用、组成及类型。
2. 能够说出前照灯的工作原理。
3. 能够说出转向灯的功用。
4. 能够说出转向灯的组成。
5. 能够说出倒车灯及制动灯的功用。
6. 能够说出电喇叭的功用。

技能目标

1. 能够对前照灯故障进行排除。
2. 能够对转向灯故障进行排除。
3. 能够对倒车灯及制动灯故障进行排除。
4. 能够对电喇叭故障进行排除。

素质目标

1. 培养良好的职业道德和工匠精神。

2. 培养安全意识和团队协作精神。

3. 培养自我管理和自主学习能力。

任务一　前照灯故障的检修

🖊 情景导入

晚上，贾先生开车回家时打开前照灯变光开关，发现近光灯不亮。于是贾先生将爱车开到 4S 店进行维修，发现前照灯变光开关已损坏，需要更换前照灯变光开关。你知道如何规范地更换前照灯变光开关吗？

接车与填写接车问诊表

车牌号：黑A××××× 　车架号：LSGBC1234JG×××××× 　行驶里程：70000（km）
用户名：贾×× 　电话：150×××××××× 　来店时间：2022.9.1
用户陈述及故障发生时的状况：打开前照灯变光开关，近光灯不亮
接车员检测确认建议：检查前照灯变光开关
车间检测确认结果及主要故障零部件：
车间检查确认者：

<table>
<tr><td rowspan="3">外观确认：
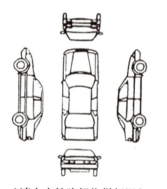
（请在有缺陷部位做标识）</td><td colspan="2">功能确认：（工作正常 √ 不正常 ×）
☑音响系统 　□门锁（防盗器） 　☑全车灯光
☑工具 　☑后视镜 　☑天窗 　☑座椅
☑点烟器 　☑玻璃升降器 　☑玻璃</td></tr>
<tr><td colspan="2">物品确认：（有 √ 无 ×）</td></tr>
<tr><td></td><td>贵重物品提示
☑工具 　☑备胎
☑灭火器 　☑其他（ 　　）
旧件是否交还用户
☑是 　□否
用户是否需要洗车
☑是 　□否</td></tr>
</table>

　检测费说明：本次检测的故障如用户在本店维修，检测费包含在修理费用内；如用户不在本店维修，请您支付检测费。本次检测费：×××元。

　贵重物品：在将车辆交给我店检查修理前，已提示将车内贵重物品自行收起并保存好，如有遗失恕不负责。

　接车员：王×× 　用户确认：贾××

一、前照灯的相关知识

1. 前照灯功用

前照灯位于汽车头部的两侧，主要用于夜间、隧道内行车时道路的照明，是照明汽车前方道路的主要工具，也是信号提示工具，如图 4-1-1 所示。

2. 前照灯组成及其类型

前照灯主要由反射镜、配光镜及灯泡等部件组成，如图 4-1-2 所示。

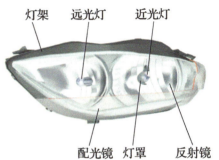

灯架　　远光灯　　近光灯

配光镜　灯罩　　反射镜

图 4-1-1　前照灯功用　　　　　图 4-1-2　前照灯的组成

（1）反射镜　反射镜又称反光镜，其作用是最大限度地将灯泡发出的光线聚合成强光束，以增强照射距离。它一般呈抛物面状，内表面镀铬、铝或银，然后抛光，目前多采用真空镀铝。灯丝位于反射镜的焦点处，其大部分光线经反射后，成为平行光束射向远方，其距离可达 150~400m，如图 4-1-3 所示。

（2）配光镜　配光镜又称散光玻璃，装于反射镜之前，可将反射光束扩散分配，使路段的照明更加均匀。配光镜是由透明玻璃压制而成的棱镜和透镜的组合体，如图 4-1-4 所示。

图 4-1-3　反射镜　　　　　图 4-1-4　配光镜

（3）灯泡　汽车前照灯的灯泡主要使用三种：白炽灯泡、卤钨灯泡和高压放电氙灯。

1）白炽灯泡：其灯丝用钨丝制成（钨的熔点高、发光强），玻璃泡内充以约 86% 的氩和约 14% 的氮的混合惰性气体，如图 4-1-5 所示。

2）卤钨灯泡：在灯泡的充气中掺入某卤族元素，如氟、氯、溴、碘等，它是利用卤钨再生循环反应的原理制成。卤钨灯泡充入惰性气体的压力较高，在相同功率下，卤钨灯的亮度为白炽灯的 1.5 倍，寿命长 2~3 倍，如图 4-1-6 所示。

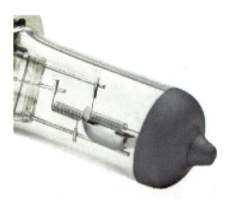

图 4-1-5　白炽灯泡　　　　　图 4-1-6　卤钨灯泡

3）高压放电氙灯：高压放电氙灯的组件系统由弧光灯组件、电子控制器、升压器三部分组成。灯泡发出的光色和日光灯非常相似，亮度是卤钨灯泡的 3 倍左右，使用寿命是卤钨灯泡的 5 倍，如图 4-1-7 所示。

图 4-1-7　高压放电氙灯

3. 前照灯防眩目措施

前照灯防眩目的主要目的是防止会车时，强烈的光线照射驾驶员，影响驾驶员的注意力。为了减少对驾驶员夜间行车带来的不利影响，一般可以采取下列几种措施：

1）采用双丝灯泡。前照灯一般采用双丝灯泡，一个灯丝为远光灯丝，位于反射镜的焦点位置，射出的光线较亮，而且射程较远；另一个灯丝为近光灯丝，位于反射镜的焦点上方或前方，射出的光线较弱，而且射程较近，如图 4-1-8 所示。

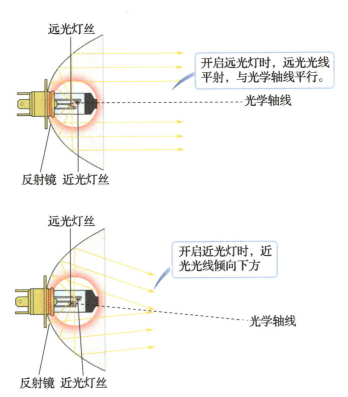

远光灯丝

开启远光灯时，远光光线平射，与光学轴线平行。

光学轴线

反射镜　近光灯丝

远光灯丝

开启近光灯时，近光光线倾向下方

光学轴线

反射镜　近光灯丝

图 4-1-8　采用双丝灯泡

2）利用法规强制约束。交通法规定：夜间会车必须使用近光灯。

3）加装配光屏。配光屏可以分为对称式配光和非对称式配光。

二、前照灯的电路

图 4-1-9 所示为别克威朗前照灯电路图，下面对其远光灯电路进行分析。

当灯光开关置于远光档时，车身控制模块 K9 的 18 号针脚搭铁，前照灯远光继电器 KR48 的 1 号脚和 2 号脚通电，前照灯远光继电器 KR48 的 3 号脚和 4 号脚接通。此时电流从蓄电池正极→前照灯远光继电器 KR48 的 3 号脚→前照灯远光继电器 KR48 的 4 号脚，此时电流分两路，一路为 F6UA10A 熔丝→右前照灯总成 E13RA 的 2 号脚→ E4F 前照灯 - 右远光灯→右前照灯总成 E13RA 的 1 号脚→ G102 搭铁，此时右远光灯亮；另一路为 F5UA10A 熔丝→左前照灯总成 E13LA 的 2 号脚→ E4E 前照灯 - 左远光灯→左前照灯总成 E13LA 的 1 号脚

G101 搭铁，此时左远光灯亮。

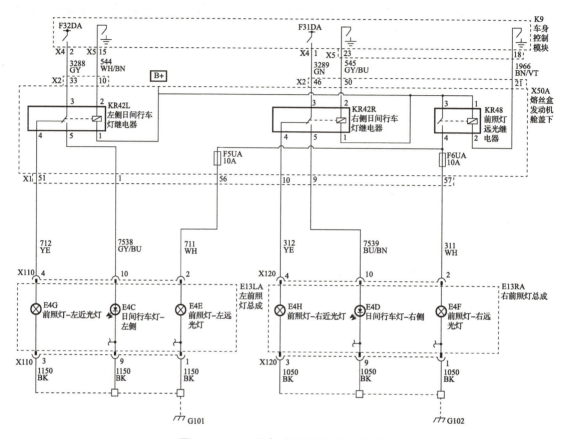

图 4-1-9 别克威朗前照灯电路图

三、前照灯的故障排除

1. 前期准备

1）车辆进入工位前，参训学生将工位卫生清理干净，排除障碍物，准备好相关的工具、物品等。

2）安装两侧车轮挡块。

3）打开车门，安装车内三件套。

4）检查车辆挡位是否在停车挡，驻车制动是否拉起。

5）将点火开关旋至 ON 挡，降下车窗玻璃。

6）关闭点火开关，解除发动机舱锁，打开发动机舱盖。

7）安装两侧翼子板保护垫和前格栅保护垫。

8）对万用表进行校表，确认仪器良好，并对车辆进行常规检查。

9）安装尾气抽排管。

2.检查灯泡

1）拆卸远光灯灯泡。

2）检查远光灯灯泡。检查灯丝是否破损，若灯丝烧断和灯泡损坏，则更换新灯泡。若无法目测，比如卤素灯，则可采用试灯法进行检查是否良好，若不正常则需更换新灯泡。

3.检查前照灯远光继电器

1）打开熔丝盒，查找前照灯远光继电器KR48。前照灯远光继电器KR48位置见继电器盒盖背面。

2）从继电器盒中拆下前照灯远光继电器KR48，并且检查集成继电器各插座是否有烧灼、损坏现象。

3）根据表4-1-1中的值测量继电器电阻。

表4-1-1 继电器标准电阻

检测仪连接		条件	规定状态
![继电器端子图 3 1 4 2]	3-4	在端子1和2之间未施加电压	10kΩ 或更大
		在端子1和2之间施加电压	小于1Ω

如果检测结果不符合上述标准，则说明继电器损坏，应该更换新继电器。

4.检查熔丝

1）在熔丝盒中找到远光灯熔丝，使用熔丝夹将该熔丝取下。

2）目测熔丝是否烧断，如图4-1-10所示为烧毁的熔丝。

3）如目测无法判断熔丝是否烧坏，则可选用万用表测熔丝电阻，如图4-1-11所示。若阻值为∞，说明熔丝已坏，需更换熔丝。

4）更换新熔丝。具体方法如下：

①确认熔丝载流量，按照对应颜色和规格选用熔丝。

②观察熔丝外部和端子处是否有烧灼现象。

③用数字万用表 Ω 档检测熔丝两端子之间的电阻，正常情况下应小于1Ω。

图 4-1-10　烧毁熔丝

图 4-1-11　测量熔丝电阻

5. 故障复查

点火开关打至 ON 位置，打开组合开关，检查前照灯是否亮起。

6. 整理工位

1）取下尾气抽排管。

2）回收车内三件套。

3）关闭车窗并取下钥匙。

4）回收举升机垫块及车轮挡块。

5）将车间现场的物品分类整理，丢弃或处理不需要的东西，收纳需要的东西。

6）对整理之后留在现场的必要的物品分门别类放置，排列整齐。

7）将工作场所清扫干净，使施工现场始终处于无垃圾、无灰尘的整洁状态。

8）对使用的工具和设备进行清洁。

📝 课程育人

海拉（Hella）公司运用高压气体放电集成远光的双氙气前照灯批量生产已经成熟。在此基础上，该公司新开发出动态转向灯。动态转向灯是智能化前照灯系统的一个重要组成部分，这项新技术极大地提高了驾车的安全性和舒适性。动态转向灯的特点是在不同的转弯半径下，该前照灯能够在水平 ±150° 之内摆动，这使得转弯时近光灯照亮区域几乎扩大了 1 倍，以帮助驾驶员能够更好更快地适应弯道路况。当转弯半径为 190m 时，普通前照灯可以照亮前方弯道 30m 左右处，而动态转向灯可以将照亮弯道区域再延长 25m 左右。在激活远光灯功能时，动态转向灯同样可以发挥作用。

⚠ **思考** 企业为什么要研发智能化前照灯？

✏️ **巩固提升**

一、选择题

1. 下面不属于前照灯部件的是（ ）。

　　A. 反射镜　　　　　　B. 配光镜　　　　　C. 灯泡　　　　　D. 熔丝

2. 下面不属于外部照明灯的是（ ）。

　　A. 前大灯　　　　　　B. 转向灯　　　　　C. 牌照灯　　　　D. 雾灯

3. 前照灯装于汽车头部两侧，光色为（ ），用于夜间行车道路的照明。

　　A. 白色　　　　　　　B. 黄色　　　　　　C. 红色　　　　　D. 蓝色

4. 在供电正常的情况下，下列不属于前照灯不亮的故障原因的是（ ）。

　　A. 熔丝烧断　　　　　　　　　　　　B. 继电器损坏

　　C. 起动机损坏　　　　　　　　　　　D. 线束短路或断路

5. 不属于前照灯防眩目措施的是（ ）。

　　A. 利用法规强制约束　　　　　　　　B. 加装配光屏

　　C. 调节前照灯角度　　　　　　　　　D. 采用双丝灯泡

二、判断题

1. 前照灯由反射镜、配光镜和灯泡三部分组成。　　　　　　　　　（ ）

2. 前照灯是照明汽车前方道路的主要工具，也是信号提示工具。　　（ ）

3. 反光镜可将反射光束扩散分配，使路段的照明更加均匀。　　　　（ ）

4. 采用非对称式配光方式的前照灯，其近光灯丝的配光屏在安装时偏转一定的角度，使其近光的光形分布不对称，形成一条明显的明暗截止线。　　　　　　　　　　　　　　　　　　　　　　　　　（ ）

5. AUTO（自动）前照灯功能可以将前照灯、日间行车灯、尾灯、牌照灯及仪表灯自动点亮。　　　　　　　　　　　　　　　　　　　（ ）

任务二 　转向灯故障的检修

✏️ **情景导入**

　　贾先生在开车回家的途中，在路口打右转向灯时，发现右转向灯不亮。贾先生将汽车送到维修服务中心，经检查发现右转向灯线路有故障，需要维修线路。你知道如何规范地排除右转向灯线路故障吗？

接车与填写接车问诊表

车牌号：黑A×××××　　车架号：LSGBC1234JG××××××　　行驶里程：70000（km）
用户名：贾××　电话：150×××××××　来店时间：2022.10.1
用户陈述及故障发生时的状况：打右转向灯时，右转向灯不亮
接车员检测确认建议：检查右转向灯线路
车间检测确认结果及主要故障零部件：
车间检查确认者：

外观确认：

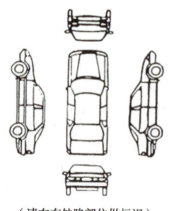

（请在有缺陷部位做标识）

功能确认：（工作正常√　不正常 ×）
☑音响系统　☑门锁（防盗器）　☒全车灯光
☑工具　☑后视镜　☑天窗　☑座椅
☑点烟器　☑玻璃升降器　☑玻璃

物品确认：（有√　无 ×）

贵重物品提示
☑工具　☑备胎
☑灭火器　☑其他（　　　）
旧件是否交还用户
☑是　□否
用户是否需要洗车
☑是　□否

　　检测费说明：本次检测的故障如用户在本店维修，检测费包含在修理费用内；如用户不在本店维修，请您支付检测费。本次检测费：×××元。

　　贵重物品：在将车辆交给我店检查修理前，已提示将车内贵重物品自行收起并保存好，如有遗失恕不负责。

　　接车员：王××　用户确认：贾××

一、转向灯的相关知识

1. 转向灯的作用

　　汽车转向灯是汽车转向时告知周围车辆和行人的灯具，发出亮、灭交替的闪光信号，颜色为琥珀色，受转向灯开关和闪光器控制。汽车转向灯的作用是在汽车转向或变车道时，向环境系统指示车辆的转向或变车道意图。

（1）转向信号灯　汽车的转向信号灯的作用是引起交警、行人及其他驾驶员的注意，提高车辆的行驶安全性。

（2）指示灯　指示灯位于汽车仪表上，主要用来提示驾驶员危险警告灯或左右转向灯开关的工作状态。

（3）灯光开关　灯光开关的作用是根据车辆行驶条件的需要，驾驶员通过灯光开关来控制转向灯或危险警告灯的工作情况，如图 4-2-1 所示为转向灯开关，图 4-2-2 为危险警告灯开关。

（4）闪光器　闪光器闪光频率一般在 65~120次 /min。闪光器按结构原理不同可分为电子式、电

图 4-2-1　转向灯开关

图 4-2-2　危险警告灯开关

容式、电热式三种类型。其中电子式闪光器通常由多谐振荡器、功率放大器和继电器三大部分组成，具有闪光频率稳定、使用寿命长的优点，目前轿车和载货汽车普遍采用电子式闪光器。其结构如图 4-2-3 所示。

2. 转向灯组成

汽车转向灯一般由左（前、后、侧）转向灯、右（前、后、侧）转向灯组成，如图 4-2-4 所示。

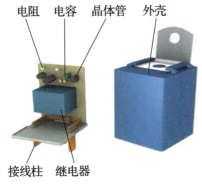

图 4-2-3　电子式闪光器

图 4-2-4　转向灯组成

二、转向灯的电路

图 4-2-5 所示为别克威朗转向灯电路图，下面以打开左侧转弯灯为例进行电路分析。

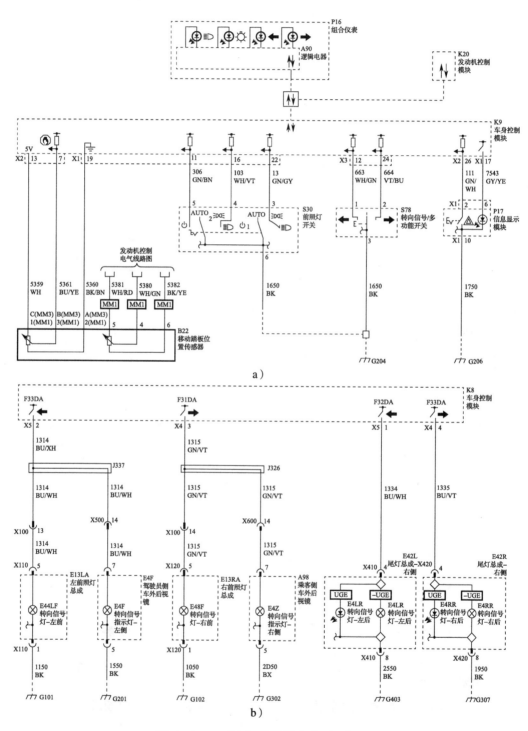

a)

b)

图 4-2-5 别克威朗转向灯电路图

当打开左转向灯开关时，转向信号 / 多功能开关 S78 中的 1 号脚和 3 号脚接通，车身控制模块 K9 中 X3 插接器的 12 号脚接地。车身控制模块 K9 中的 F33DA 和 F32DA 同时接通，F33DA 接通后，电流经 X5 插接器的 2 号脚→1314 号线→插接器 X100 的 13 号脚→ E13LA 左前照灯总成中的 E4 转向信号灯 - 左前灯泡→插接器 X100 的 1 号脚→搭铁点 G101，此时左前转向灯点亮；左侧转向灯的点亮原理与左前线路相同，电流经 1314 号线→插接器 X500 的 14 号脚→ A9A 驾驶员侧外后视镜中的 E4 转向信号指示灯 - 左侧灯泡→搭铁点 G201，此时左侧转向灯点亮。F32DA 接通后，电流经 X5 插接器的 1 号脚→1334 号线→插接器 X410 的 4 号脚→ E4LR 转向信号灯 - 左后灯泡→插接器 X410 的 8 号脚→搭铁点 G403，此时左后转向灯点亮。

打开左转弯灯开关后，组合仪表 P16 上的左转弯指示灯同时也会点亮。组合仪表 P16 上的左转弯指示灯点亮是车身控制模块 K9 通过串行数据使其点亮的。

三、转向灯的故障排除

1. 前期准备

1）车辆进入工位前，参训学生将工位卫生清理干净，排除障碍物，准备好相关的工具、物品等。

2）安装两侧车轮挡块。

3）打开车门，安装车内三件套。

4）检查车辆档位是否在停车档，驻车制动是否拉起。

5）将点火开关旋至 ON 档，降下车窗玻璃。

6）关闭点火开关，解除发动机舱锁，打开发动机舱盖。

7）安装两侧翼子板保护垫和前格栅保护垫。

8）对万用表进行校表，确认仪器良好，并对车辆进行常规检查。

9）安装尾气抽排管。

⚠ **注意** 在检测前确保关闭所有的用电设备。

2. 确认故障现象

根据客户提供的信息，再次对故障现象进行确认。在转向灯的故障诊断中，可以通过故障现象缩小故障点。例如：汽车某一侧前部、中部、后部的转向灯及转向指示灯都不亮时，应检查车身控制模块 K9 的供电熔丝或转向灯的熔丝是否损坏，如果熔丝完好，则需要检查转向开关是否损坏；某一侧只有某一个转向灯不亮时，应检查车身控制模块 K9 到该转向灯的线路是否损坏。

3. 检查转向信号灯开关

1）拆卸转向信号灯开关。

2）根据表 4-2-1 中的值测量转向信号灯 / 多功能开关 S78 总成端子间的电阻，若有异常则更换转向信号灯开关。

表 4-2-1　规定电阻（不带自动灯控系统）

检测仪连接	条件	规定状态
1-3	OFF	10kΩ 或更大
2-3		
1-3	LH	小于 1Ω
2-3	RH	小于 1Ω

3）按照拆卸相反顺序安装转向信号灯开关。

4. 测量车身控制模块输出情况

1）使用万用表或示波器测量插接器 X5 的 2 号针脚输出情况，使用示波器测量的波形如图 4-2-6 所示，如果输出的波形不是这种类型，则考虑车身控制模块 K9 出现故障。插接器 X4 的 2 号脚输出的波形也应类似。

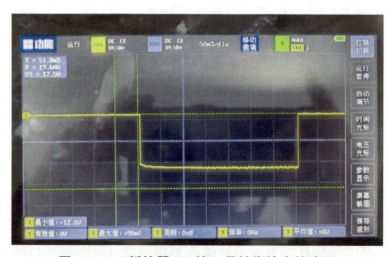

图 4-2-6　插接器 X5 的 2 号针脚输出的波形

2）根据表 4-2-2 中的值测量电阻；如果结果不符合规定，则线束侧有故障，需要更换线束。

表 4-2-2　标准电阻

检测仪连接	条件	规定状态
插接器 X110（1）–G101 搭铁点	始终	小于 1Ω
插接器 X5（2）– 插接器 X110（5）	始终	小于 1Ω

3）故障排除后，按照拆卸相反的顺序安装相应的部件。

5. 整理工位

1）取下尾气抽排管。

2）回收车内三件套。

3）关闭车窗并取下钥匙。

4）回收举升机垫块及车轮挡块。

5）将车间现场的物品分类整理，丢弃或处理不需要的东西，收纳需要的东西。

6）对整理之后留在现场的必要的物品分门别类放置，排列整齐。

7）将工作场所清扫干净，使施工现场始终处于无垃圾、无灰尘的整洁状态。

8）对使用的工具和设备进行清洁。

✏ 课程育人

据报道，某车企最近向相关部门申请了一项新专利，主要内容涉及自动转向灯技术。根据专利中的信息，这项技术并没有应用到自动驾驶系统中，而是旨在帮助驾驶员在日常驾驶中忘记或不使用转向灯时将转向灯自动激活。

在变道转弯时，使用转向灯是一种非常必要的安全驾驶行为，但在实际驾驶中，人们偶尔难免会忘记使用这种操作。企业针对这种情况提出解决方案，并利用其目前的自动驾驶系统，让车辆自动检测驾驶员何时应该激活转向灯。如果驾驶员忘记操作转向灯，系统将自动激活转向灯。

⚠ **思考**　如何实现自动转向灯技术？需要哪些传感器？需要注意的事项有哪些？

📝 巩固提升

一、选择题

1. 一辆汽车打开左转向灯时，会点亮（　　）灯。

    A. 1 个　　　　　　　　　　B. 2 个

    C. 3 个　　　　　　　　　　D. 4 个

2. 下面属于信号系统的组成部分的灯泡是（　　）。

    A. 转向灯　　　　　　　　　B. 室内顶灯

    C. 前照灯　　　　　　　　　D. 雾灯

3. 当把转向灯开关往上拨的时候，亮的是（　　）。

    A. 左转向灯　　　　　　　　B. 右转向灯

    C. 左右转向灯　　　　　　　D. 雾灯

4. 转向灯闪光频率不正常，下列不是可能的故障原因的是（　　）。

    A. 转向灯线路接触不良　　　B. 左右转向灯功率不同

    C. 熔丝烧坏　　　　　　　　D. 左右转向灯电压不同

5. 转向灯闪烁频率一般为（　　）。

    A. 65~120 次 /min　　　　　B. 120~150 次 /min

    C. 40~60 次 /min　　　　　　D. 20~40 次 /min

二、判断题

1. 汽车转向灯的作用是引起行人及其他驾驶员的注意，提高车辆的行驶安全性。　　　　　　　　　　　　　　　　　　　　　　　　　　（　　）

2. 汽车转向信号系统的主要部件有开关、转向灯和闪光继电器。　（　　）

3. 闪光器闪光频率一般在 40~60 次 /min。　　　　　　　　　　（　　）

4. 转向信号灯所发出的光色为白色。　　　　　　　　　　　　　（　　）

5. 电子式闪光器通常由多谐振荡器、功率放大器和继电器三大部分组成。

                                              （　　）

任务三 倒车灯及制动灯故障的检修

📝 情景导入

　　王小姐开车去上班，当前车制动时她也试图减缓车速，王小姐踩下制动踏板，突然自己的车被后车撞击。经后车驾驶员陈述，原来是王小姐的制动灯没有点亮，王小姐随即将车开到维修点进行检查，经检查发现制动灯开关损坏，需要重新更换。你知道如何规范地更换制动灯开关吗？

接车与填写接车问诊表

车牌号：黑A××××× 车架号：LSGBC1234JG×××××× 行驶里程：50000（km）
用户名：王×× 电话：150×××××××× 来店时间：2022.5.1
用户陈述及故障发生时的状况：踩下制动踏板，制动灯没有点亮
接车员检测确认建议：检查制动灯开关
车间检测确认结果及主要故障零部件：
车间检查确认者：

| 外观确认：

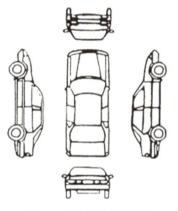

（请在有缺陷部位做标识） | 功能确认：（工作正常√ 不正常×）
☑音响系统 ☑门锁（防盗器） ☒全车灯光
☑工具 ☑后视镜 ☑天窗 ☑座椅
☑点烟器 ☑玻璃升降器 ☑玻璃

物品确认：（有√ 无×）

贵重物品提示
☑工具 ☑备胎
☑灭火器 ☑其他（　　　）
旧件是否交还用户
☑是 □否
用户是否需要洗车
☑是 □否 |

　　检测费说明：本次检测的故障如用户在本店维修，检测费包含在修理费用内；如用户不在本店维修，请您支付检测费。本次检测费：×××元。

　　贵重物品：在将车辆交给我店检查修理前，已提示将车内贵重物品自行收起并保存好，如有遗失恕不负责。

　　接车员：王×× 用户确认：王××

一、倒车灯及制动灯的相关知识

1. 倒车灯相关知识

（1）倒车灯作用　倒车灯装于汽车尾部，主要用于汽车倒车时照亮汽车后路的道面，并提示车后的车辆和行人，该车正在倒车。如图4-3-1所示为车辆倒车灯点亮的状态，倒车灯的灯光颜色一般是白色的。

（2）倒车灯开关工作原理　倒车灯的点亮，需要和汽车的倒档同步进行，即汽车挂入倒档后，倒车灯同步点亮。对于采用手动变速器的汽车，倒车灯开关通常装在变速杆倒档的位置，当挂上倒档时变速杆顶开倒车灯开关。对于采用自动变速器的汽车，通常通过变速器档位开关将倒档信号传递给ECU，由ECU控制倒车灯电路。倒车灯只有在倒车的时候才工作。

2. 制动灯相关知识

（1）制动灯的作用　当汽车制动时，踩下制动踏板，制动灯点亮，用于提示后面车辆本车正在制动，如图4-3-2所示。制动灯能有效防止车辆追尾事件的发生，减少交通事故。

图4-3-1　倒车灯

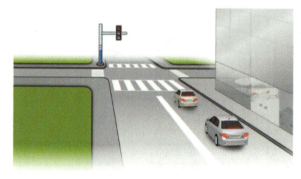

图4-3-2　制动灯的作用

（2）制动灯的分类　按位置不同，制动灯可分为两类：一类是安装在车尾两端的制动灯，属于汽车尾灯的一种；一类是高位制动灯，安装在车尾上部。图4-3-3所示为不同位置制动灯，在图上标示出了制动灯和高位制动灯。

（3）制动灯电路原理　当踩下制动踏板时，制动灯开关导通，制动灯亮起；当松开制动踏板时，制动灯开关断开，制动灯熄灭，如图4-3-4所示。

图 4-3-3　不同位置的制动灯

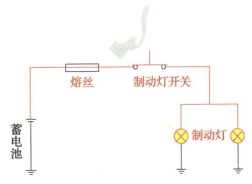

图 4-3-4　制动灯电路原理

二、倒车灯及制动灯的电路

图 4-3-5 所示为别克威朗倒车灯及制动灯电路图，下面对电路进行分析。

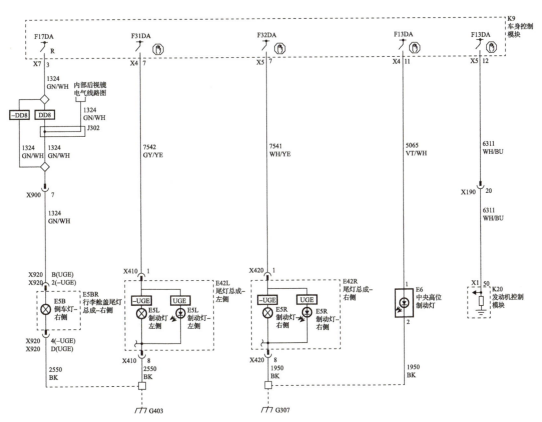

图 4-3-5　别克威朗倒车灯及制动灯电路图

1）倒车灯电路分析：当车辆挂入倒档时，通过档位开关将档位信号传递给车身控制模块 K9，车身控制模块 K9 中的 F17DA 接通，电流通过插接器 X7 的

3 号针脚流向行李舱盖尾灯总成 E5BR，经倒车灯 – 右侧 E5B 后，在 G403 搭铁点搭铁，倒车灯 – 右侧 E5B 被点亮。

2）制动灯电路分析：当驾驶员踩下制动踏板时，触发制动灯开关，制动灯开关信号传递给车身控制模块 K9，车身控制模块 K9 中的 F31DA 和 F32DA 接通。F31DA 接通后，电流从插接器 X4 的 7 号针脚流向尾灯总成 – 左侧 E42L，经过制动灯 – 左侧 E5L 后，在 G403 搭铁点搭铁，此时制动灯 E5L 被点亮。F32DA 接通后，电流从插接器 X5 的 7 号针脚流向尾灯总成 – 右侧 E42R，经过制动灯 – 右侧 E5R 后，在 G307 搭铁点搭铁，此时制动灯 E5R 被点亮。

三、倒车灯及制动灯故障排除

1. 前期准备

车辆进入工位前，参训学生将工位卫生清理干净，排除障碍物，准备好相关的工具、物品等。

2. 拆卸制动灯开关

1）按压线束侧制动灯开关插接器的锁扣，拔出制动灯开关插接器，如图 4-3-6 所示。

2）逆时针转动制动灯开关总成，将其拆下。

3. 安装制动灯开关

1）将制动灯开关总成插入支撑座，并顺时针转动 1/4 圈使制动灯开关总成锁紧。

2）如图 4-3-7 所示，连接制动灯开关插接器。

图 4-3-6　拔出制动灯开关插接器

图 4-3-7　连接制动灯开关插接器

3）选用塞尺，检查推杆的凸出部分与缓冲垫之间的距离是否为1.5~2.5mm，否则应重新安装，如图 4-3-8 所示。

4）调整制动灯开关总成。

图 4-3-8　检查推杆凸出部分与缓冲垫的距离

⚠ **注意**　检查推杆凸出部分和缓冲垫之间间隙的过程中，不要踩下制动踏板。

4. 整理工位

1）将车间现场的物品分类整理，丢弃或处理不需要的东西，收纳需要的东西。

2）对整理之后留在现场的必要的物品分门别类放置，排列整齐。

3）将工作场所清扫干净，使施工现场始终处于无垃圾、无灰尘的整洁状态。

4）对使用的工具和设备进行清洁。

📝 课程育人

紧急制动双闪自动点亮（Emergence Stop Signal，ESS）是紧急制动指示灯功能。一些配置比较高的车辆具有这个功能，这个功能是车辆出厂就设置好的，当车辆紧急制动时，危险警告灯（双闪）就开始闪烁，以警示后方车辆，前面的车遇到问题，防止后面车辆追尾。一般配有该功能的汽车，同时还配有车门自动解锁，当紧急制动时车门也自动解锁。这可以预防发生事故时，车门锁打不开，导致无法快速救援。

一般是在速度超过 60km/h 踩紧急制动的时候会开启汽车的这个功能，有的汽车是 80km/h 的时候才开启。每款汽车都不一样。

2007 年前后，EBD（电子制动力分配）技术的普及大大提升了车辆的制动性能，但越来越短的制动距离导致留给后方车辆驾驶员的反应时间也越来越短，各大汽车厂商分别推出 ESS 系统并在其高端旗舰车系上应用。目前如同 ABS 一样，

ESS 也已经在很多车上成为标配安全系统，不再是豪华车的专属。不同的车厂 ESS 的判定方式不同，目前主流的 ESS 是通过车辆制动时的加速度大小来判定是否为紧急制动，也有的车辆在 60km/h 以上 ESS 才会介入。介入方式也有所不同，如宝马和奔驰的 ESS 就是制动灯及危险警告灯爆闪，而奥迪、大众、马自达等车企的 ESS 则为打开危险警告灯。

⚠️ **思考** 汽车上采用紧急制动双闪自动点亮有什么意义？

✏️ **巩固提升**

一、选择题

1. 汽车挂入倒档后，同步点亮（   ）。
   A. 制动灯　　　　　B. 倒车灯　　　　　C. 转向灯　　　　D. 前照灯

2. 汽车信号系统的作用是通过（   ）向其他车辆的驾驶员和行人发出警示、引起注意，确保车辆行驶的安全。
   A. 信号和灯光　　　　　　　　　B. 声响和报警信号
   C. 灯光和报警信号　　　　　　　D. 声响和灯光

3. 下面不属于信号系统的组成部分的是（   ）。
   A. 转向灯　　　　　B. 室内顶灯　　　　C. 制动灯　　　　D. 危险警告灯

4. 倒车灯的灯光颜色一般是（   ）。
   A. 白色　　　　　　B. 红色　　　　　　C. 黄色　　　　　D. 绿色

5. 一般情况下，踩下制动踏板，可以在车后面看到（   ）处制动灯点亮。
   A. 1　　　　　　　B. 2　　　　　　　C. 3　　　　　　D. 4

二、判断题

1. 踩下制动踏板，只有一侧制动灯被点亮，则可能是熔丝烧断。（   ）

2. 汽车制动灯的主要作用是在汽车制动停车或制动减速行驶时，向后发出灯光信号，以提示尾随的车辆。（   ）

3. 制动灯电路原理是当踩下制动踏板时，制动灯开关导通，制动灯亮起；当松开制动踏板时，制动灯开关断开，制动灯熄灭。（   ）

4. 制动灯能有效防止车辆追尾事件的发生，减少交通事故。（   ）

5. 对于采用手动变速器的汽车，通常通过变速器档位开关将倒档信号传递给 ECU，由 ECU 控制倒车灯电路。（   ）

任务四 电喇叭常见故障的检修

✏ 情景导入

　　李先生驾车在等红灯时，前方车辆出现溜坡情况，他想通过喇叭通知前方车辆，结果按下喇叭按钮时喇叭没有任何声音。他随即将车开到维修点进行检查，经检查发现喇叭损坏，需要重新更换。你知道如何规范地更换喇叭吗？

接车与填写接车问诊表

车牌号：黑A×××××　　车架号：LSGBC1234JG××××××　　行驶里程：90000（km）
用户名：李××　电话：150××××××××　来店时间：2022.3.1
用户陈述及故障发生时的状况：按下喇叭按钮时，喇叭没有任何声音
接车员检测确认建议：检查汽车喇叭
车间检测确认结果及主要故障零部件：
车间检查确认者：

外观确认：	功能确认：（工作正常√　不正常×） ☑音响系统　☑门锁（防盗器）　☑全车灯光 ☑工具　☑后视镜　☑天窗　☑座椅 ☑点烟器　☑玻璃升降器　☑玻璃
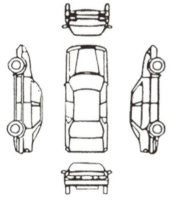 （请在有缺陷部位做标识）	物品确认：（有√　无×）  贵重物品提示 ☑工具　☑备胎 ☑灭火器　☑其他（　　　） 旧件是否交还用户 ☑是　☐否 用户是否需要洗车 ☑是　☐否

　　检测费说明：本次检测的故障如用户在本店维修，检测费包含在修理费用内；如用户不在本店维修，请您支付检测费。本次检测费：×××元。

　　贵重物品：在将车辆交给我店检查修理前，已提示将车内贵重物品自行收起并保存好，如有遗失恕不负责。

　　接车员：王××　用户确认：李××

一、电喇叭的相关知识

1. 电喇叭作用

汽车喇叭是汽车行驶中的声响警示装置。在汽车的行驶过程中，驾驶员根据需要和规定发出必需的声响信号，警告行人和引起其他车辆注意，以保证交通安全，如图 4-4-1 所示。同时，喇叭还用于催行和传递信号。

2. 电喇叭结构

汽车喇叭主要以电喇叭为主，其主要由膜片、衔铁、线圈、触点以及共鸣片等组成，如图 4-4-2 所示。

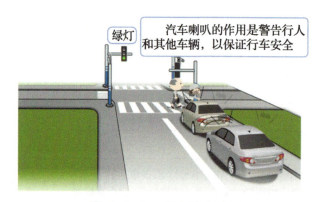

图 4-4-1　喇叭基本功用

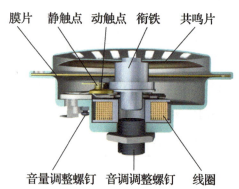

图 4-4-2　电喇叭结构

3. 电喇叭电路原理

当按下汽车方向盘上的喇叭按钮时，形成的电流通路如下：蓄电池正极→线圈→活动触点臂触点→固定触点臂→按钮→搭铁→蓄电池负极。线圈通电后会产生吸力，上铁心被吸下与下铁心撞击，产生较低的基本频率，并激励膜片及与膜片连成一体的共鸣板产生共鸣，从而发出比基本频率强得多而且分布比较集中的谐音；同时压下动触点臂，使触点分开以切断电路，电磁力消失；当铁心磁力消失后，衔铁又回到原位，触点重新闭合，电路再次接通。这样线圈中将流过时通时断的电流，因此振动膜片时吸时放，产生高频振动而发出声响，如图 4-4-3 所示。

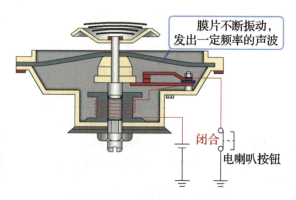

图 4-4-3　电喇叭工作原理

二、电喇叭的电路

图 4-4-4 所示为威朗汽车喇叭电路图。威朗汽车喇叭电路分为喇叭开关信号电路、喇叭继电器线圈控制电路、高低音喇叭工作电路。

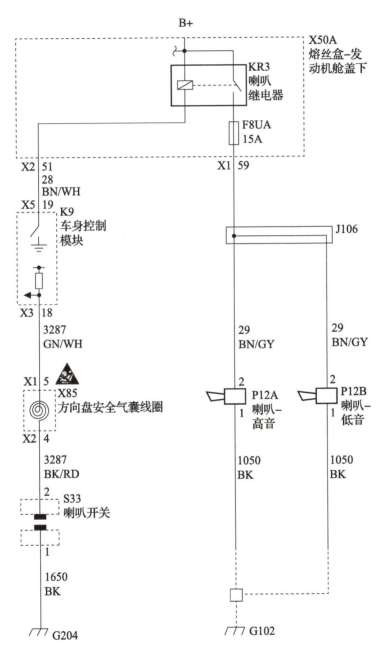

图 4-4-4　威朗汽车喇叭电路图

1）喇叭开关信号电路：当按下喇叭时，车身控制模块检测到喇叭开关信号电路的电压下降。车身控制模块 K9/X3/18 →方向盘安全气囊线圈 X85/X1/5 →

方向盘安全气囊线圈 X85/X2/4 →喇叭开关 S33/2 →喇叭开关 S33/1 → G204 接地点。

2）喇叭继电器线圈控制电路：车身控制模块接收到喇叭开关信号电路的电压下降信号后，为喇叭继电器线圈提供搭铁。蓄电池 B+ →喇叭继电器 KR3 线圈→发动机舱盖下熔丝盒 X50A/X2/51 →车身控制模块 K9/X5/19 →车身控制模块内部搭铁。

3）高低音喇叭工作电路：喇叭继电器线圈通电后，继电器触点开关闭合。发动机舱盖下熔丝盒向喇叭工作电路提供 B+ 电压，鸣响喇叭。蓄电池 B+ →喇叭继电器 KR3 触点开关→发动机舱盖下熔丝盒 X50A/X1/59 → J106 接线→高低音喇叭→ G102 接地点。

三、电喇叭的故障排除

1. 前期准备

1）车辆进入工位前，参训学生将工位卫生清理干净，排除障碍物，准备好相关的工具、物品等。

2）检查车辆档位是否在停车档，驻车制动是否拉起。

3）将点火开关旋至 ON 档，降下车窗玻璃。

4）关闭点火开关，解除发动机舱锁，打开发动机舱盖。

⚠ **注意**　在检测前确保关闭所有的用电设备。

2. 拆卸喇叭

1）按下低音喇叭线束连接锁扣，断开线束插接器。

2）选用 10mm 套筒、棘轮扳手，拆卸低音喇叭的固定螺栓，并取下低音喇叭总成。

3）用同样的方法，拆卸高音喇叭。

拆卸某些车型的喇叭时，需要先拆卸前保险杠总成。

视频 10　电喇叭的拆装

3. 检查喇叭声响

（1）检查新的低、高音喇叭　检查低、高音喇叭的外观是否完好、零件号是否正确，如图 4-4-5 所示。

视频 11 喇叭
的检查

图 4-4-5 检查喇叭外观

（2）检查低、高音喇叭声响

1）将一根连接线的一端与低音喇叭的连接端子相连，另一端与蓄电池正极相连；将喇叭的固定端与蓄电池负极短暂连接，听喇叭是否发出声响。

2）用同样的方法检测高音喇叭的声响。

4. 安装喇叭

1）将连接板上标有字母"H"的高音喇叭安装到原先位置，并旋上固定螺栓。

2）选用 10mm 套筒、棘轮扳手，以 20N·m 的力矩紧固喇叭固定螺栓。

3）连接高音喇叭线束插接器，确保连接锁止可靠。

4）用同样的方法连接标有字母"L"的低音喇叭。

5. 再次检查喇叭声响

按下喇叭开关，检查喇叭是否鸣响。

⚠ **注意** 测量声响时，离车身中心线前端3m，高度1.2m。

6. 整理工位

1）关闭车窗并取下钥匙。

2）回收举升机垫块及车轮挡块。

3）将车间现场的物品分类整理，丢弃或处理不需要的东西，收纳需要的东西。

4）对整理之后留在现场的必要的物品分门别类放置，排列整齐。

5）将工作场所清扫干净，使施工现场始终处于无垃圾、无灰尘的整洁状态。

6）对使用的工具和设备进行清洁。

📝 课程育人

《中华人民共和国道路交通安全法实施条例》第62条规定：驾驶机动车不得在禁止鸣喇叭的区域或者路段鸣喇叭。

一般来说，禁止鸣笛区域都被设立在学校、医院、机关单位以及高考期间高考考点周边道路等重要路段，而这些路段一般车流量较大。

你可能会有疑问，在这些禁止鸣喇叭区域，究竟是靠什么办法来抓到违法行为的呢？车流量较大的时候，会不会存在误判呢？

"鸣笛抓拍"系统一般是由麦克风阵列采集＋摄像头电子抓拍＋路边提示电子屏构成。其原理是，首先麦克风阵列采集系统对车辆发出的声音进行识别之后采集，随后配合摄像头进行电子抓拍，被监控的违法鸣喇叭车辆号牌，将在电子显示屏中显示出来。麦克风阵列采集系统由几十个高精度的麦克风（传声器）和高精度的摄像头组成，能够清晰地分辨出车辆制动声、行驶声、喇叭声，通过声音与图像的叠加，就可轻松将违法鸣喇叭的车辆识别出来。

随着监控设备的升级以及禁止鸣喇叭区域的增多，这种违法行为将得到一定的控制。对此，还是要提醒广大车主，文明使用汽车喇叭，自觉遵守交通规则。

⚠️ **思考** 为什么要设置禁止鸣喇叭的区域？

📝 巩固提升

一、选择题

1.汽车喇叭是汽车行驶中的（ ）装置。

　A.声响警示　　　　　　　　　B.振动警示

　C.声响指示　　　　　　　　　D.以上都不是

2.一般轿车的喇叭，以（ ）为主。

　A.电喇叭　　　　　　　　　　B.气喇叭

　C.电和气混合喇叭　　　　　　D.以上都不是

3.威朗汽车喇叭电路分为（ ）。

　A.喇叭开关信号电路　　　　　B.喇叭继电器线圈控制电路

C. 高低音喇叭工作电路　　　　D. 喇叭反馈电路

4. 汽车喇叭主要由（　　　）以及共鸣片等组成。

　A. 膜片　　　　　　　　　　B. 衔铁

　C. 线圈　　　　　　　　　　D. 触点

5. 汽车喇叭能发出声音，其主要原理是（　　　）。

　A. 膜片不断振动发出一定频率的声波

　B. 上铁心不断振动发出一定频率的声波

　C. 下铁心不断振动发出一定频率的声波

　D. 电磁力不断振动发出一定频率的声波

二、判断题

1. 在汽车的行驶过程中，驾驶员根据需要和规定发出必需的声响信号，警告行人和引起其他车辆注意，以保证交通安全。　　　　　　（　　　）

2. 喇叭内部的线圈通电后会产生吸力。　　　　　　　　　　（　　　）

3. 威朗汽车喇叭开关是用于控制喇叭的接地回路。　　　　　（　　　）

4. 喇叭内部的线圈通电，上铁心被吸下与下铁心撞击，产生较低的基本频率，并激励膜片及与膜片连成一体的共鸣板产生共鸣。　　　（　　　）

5. 在按喇叭时，喇叭内部线圈的电流，时通时断。　　　　　（　　　）

仪表与报警系统常见故障的检修

为了正确使用汽车，并了解其主要工作部件的使用情况，及时发现和排除可能出现的故障，汽车上安装了汽车组合仪表。汽车组合仪表要求结构简单、工作可靠、耐振动、抗冲击性好，仪表的示数必须准确。随着微机和传感器等电子技术的蓬勃发展，汽车仪表与显示装置已进入电子化时代。近年来在世界范围内已经有多种汽车装配了具有电子显示器件的电子仪表盘，国内也有很多车辆采用了电子式组合仪表。

本项目主要通过电子仪表系统的拆装与检修，认识以及理解电子仪表的结构和原理，如图 5-0-1 所示。

图 5-0-1　别克威朗仪表

🖊 学习目标

知识目标

1. 能够说出仪表与报警系统的功用。

2. 能够说出仪表与报警系统的基本组成。

技能目标

1. 能够对发动机转速表故障进行维修。

2. 能够对车速表故障进行维修。

3. 能够对冷却液温度表故障进行检修。

4. 能够对燃油表故障进行维修。

5. 能够对警告灯点亮故障进行维修。

素质目标

1. 培养良好的职业道德和工匠精神。

2. 培养安全意识和团队协作精神。

3. 培养自我管理和自主学习能力。

任务一 汽车仪表系统的认知

情景导入

王小姐准备开车去上班，当打开点火开关后，发现仪表没有任何显示，指示灯也没有点亮。王小姐随即拨打救援电话请维修师傅来检测，经检查发现仪表损坏，需要重新更换。你知道如何规范地更换仪表吗？

接车与填写接车问诊表

车牌号：黑 A×××××　车架号：LSGBC1234JG××××××　行驶里程：70000（km）
用户名：王×× 电话：150××××××× 来店时间：2022.7.1
用户陈述及故障发生时的状况：打开点火开关后，仪表没有任何显示，指示灯也没有点亮
接车员检测确认建议：更换仪表板
车间检测确认结果及主要故障零部件：
车间检查确认者：

<table>
<tr><td rowspan="4">外观确认：
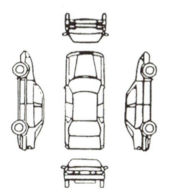
（请在有缺陷部位做标识）</td><td colspan="2">功能确认：（工作正常√　不正常 ×）
☑音响系统　☑门锁（防盗器）☑全车灯光
☑工具　☑后视镜　☑天窗　☑座椅
☑点烟器　☑玻璃升降器　☑玻璃</td></tr>
<tr><td colspan="2">物品确认：（有√　无 ×）</td></tr>
<tr><td></td><td>贵重物品提示
☑工具　☑备胎
☑灭火器　☑其他（　　）
旧件是否交还用户
☑是　□否
用户是否需要洗车
☑是　□否</td></tr>
</table>

检测费说明：本次检测的故障如用户在本店维修，检测费包含在修理费用内；如用户不在本店维修，请您支付检测费。本次检测费：×××元。

贵重物品：在将车辆交给我店检查修理前，已提示将车内贵重物品自行收起并保存好，如有遗失恕不负责。

接车员：王×× 用户确认：王××

一、汽车仪表系统的概述

汽车仪表系统是反映车辆各系统工作状况的装置，是驾驶员与汽车进行信息交流的重要接口。随着汽车电子技术的发展，汽车行驶状况和各机构、零部件的信息量显著增加，驾驶员在驾驶车辆时，必须更多、更及时地了解汽车和发动机的各种参数是否正常，以便及时采取措施，防止发生事故。

不同汽车的仪表不尽相同，但是普通汽车的常规仪表有车速里程表、转速表、机油压力表、水温表、燃油表、充电表等。

现代汽车仪表盘的面板下制作了各式各样的指示灯或警告灯，如冷却液液面警告灯、燃油量指示灯、清洗器液面指示灯、充电指示灯、远近光变光指示灯、变速器档位指示灯、制动防抱死系统（ABS）指示灯、驱动力控制指示灯、安全气囊（SRS）警告灯等。常见的各种汽车仪表指示灯如图 5-1-1 所示，各指示灯的名称见表 5-1-1。

图 5-1-1　汽车仪表指示灯

表 5-1-1　汽车仪表指示灯名称

序号	名称	序号	名称
1	雾灯（前）	8	雨量/光线传感器故障
2	动力转向警告灯	9	雪地模式
3	雾灯（后）	10	信息指示器
4	玻璃水液位低	11	发动机预热（柴油机）
5	制动片警告	12	结霜警告
6	定速巡航控制	13	点火开关警告
7	转向灯指示	14	钥匙不在车上

（续）

序号	名称	序号	名称
15	遥控器电池电量低	40	驻车制动未锁止到位
16	距离警告	41	燃油滤清器含有水分
17	未踩下离合器踏板	42	安全气囊停用
18	未踩下制动踏板	43	保养时间已到
19	转向锁警告	44	近光灯开启
20	远光灯开启	45	空气滤芯脏污
21	轮胎气压低	46	经济模式指示灯
22	日行灯开启	47	下坡辅助功能开启
23	汽车某处灯光故障	48	冷却液温度过高警告
24	制动灯故障	49	ABS 故障
25	柴油机微粒过滤器故障	50	燃油滤清器故障
26	拖车牵引挂钩未锁止到位	51	车门开启状态
27	空气悬架故障	52	发动机舱盖打开状态
28	偏离车道警告	53	燃油油量不够
29	催化转换器故障	54	自动变速器故障
30	安全带未系上	55	限速器故障
31	电子驻车制动未锁止到位	56	悬架 / 减振器故障
32	蓄电池电量不足	57	机油压力过低
33	停车辅助	58	前风窗玻璃加热
34	需要进行保养	59	行李舱打开状态
35	自适应前照灯	60	关闭车身稳定控制系统
36	前照灯范围控制	61	雨量传感器
37	后扰流板故障	62	发动机排放警告
38	可调节车顶故障	63	后窗加热
39	安全气囊故障	64	自动刮水器

随着电子技术的进步及新型传感器和新型电子显示元器件的陆续出现，汽车电子仪表已经被迅速采用。目前汽车上使用的电子仪表显示装置主要有发光二极管、真空荧光屏显示器和液晶显示器。

1. 发光二极管

发光二极管结构简单、体积小、使用寿命长，现已逐渐取代传统仪表用的白炽灯泡。但发光二极管在环境渐暗的情况下显示效果好，而在阳光直射下较难辨认。发光二极管只适用于显示文字信息和条块图形。

2. 真空荧光屏显示器

真空荧光屏显示器由许多封装在真空玻璃容器里的电极组成，通过高速电子流撞击荧光材料而使其发光。真空荧光屏显示器比发光二极管具有更宽的色域，只用相当的工作电压，就可进行色彩显示，并且容易和控制电路连接，适用于显示各种不同的文字和图像。它具有很高的可靠性，读数方便，有很多颜色供选择，但易震碎。

3. 液晶显示器

液晶显示器的制作原理是液晶分子阵列在外加电场的作用下改变其倾斜方向。液晶分子的倾斜方向改变，使它的光学特性发生改变。液晶显示器具有显示面积大、显示清晰、耗能少、在阳光直射下显示不受影响、通过能光镜可显示不同颜色等优点。目前，液晶显示器在汽车仪表系统中应用十分广泛。

二、别克威朗组合仪表的拆装

（1）拆卸

1）拆卸仪表板装饰板饰件，如图5-1-2所示。

视频12 拆卸
组合仪表

图5-1-2 别克威朗仪表板装饰板拆卸

2）拆卸组合仪表螺栓，紧固力矩为2.5N·m，如图5-1-3所示。

3）断开电气插接器，如图5-1-4所示。

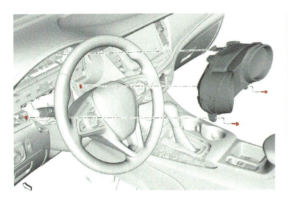

图 5-1-3　组合仪表螺栓拆卸

威朗的仪表盘主要由两个螺栓紧固，信息则是通过后方的一个线缆接口由ECU输入

图 5-1-4　别克威朗仪表盘背面

（2）安装

安装顺序与拆卸顺序相反。

（3）组合仪表拆装注意事项

视频 13　安装组合仪表

1）拆装组合仪表时，应先拆下蓄电池负极电缆，以免手触摸仪表盘后面时造成线路短路。

2）拆装饰面板时，由于固定螺钉一般是隐蔽的，因此要仔细查找固定螺钉，否则强行拆卸将会损坏装饰面板。

3）拆装组合仪表时，应注意仪表盘后面的线束插接器及车速里程表软轴接头，一般都带有锁止机构，切忌强拆，安装时要确保到位。

4）从印制电路板上拆下仪表表芯、电源稳压器、照明及指示灯时，小心不要损坏印制电路板。

5）单独更换表芯或仪表传感器时，注意仪表与传感器必须配套使用。

6）拆装仪表及传感器时，注意动作要轻，不要敲打。

7）电热式机油压力传感器安装时有方向要求。

8）仪表与传感器的接线、传感器的搭铁必须可靠。

9）电磁式仪表的接线柱有极性之分，不得接错。

任务二　汽车报警系统的认知

✏️ 情景导入

　　李先生准备开车去上班，打开点火开关后发现发动机故障警告灯长亮。李先生随即拨打救援电话请维修师傅来检测，经检查发现某电控元件有故障，需更换。你知道汽车报警系统中的各个警告灯都表示什么意思吗？

接车与填写接车问诊表

车牌号：黑 A×××××　　车架号：LSGBC1234JG××××××　　行驶里程：70000（km）	
用户名：李××　电话：150××××××××　来店时间：2022.4.1	
用户陈述及故障发生时的状况：发动机故障警告灯长亮	
接车员检测确认建议：更换发动机电控元件	
车间检测确认结果及主要故障零部件：	
车间检查确认者：	

外观确认： 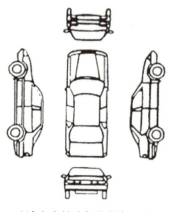 （请在有缺陷部位做标识）	功能确认：（工作正常√　不正常×） ☑音响系统　☑门锁（防盗器）　☑全车灯光 ☑工具　☑后视镜　☑天窗　☑座椅 ☑点烟器　☑玻璃升降器　☑玻璃
	物品确认：（有√　无×）  贵重物品提示 ☑工具　☑备胎 ☑灭火器　☑其他（　　） 旧件是否交还用户 ☑是　☐否 用户是否需要洗车 ☑是　☐否

　　检测费说明：本次检测的故障如用户在本店维修，检测费包含在修理费用内；如用户不在本店维修，请您支付检测费。本次检测费：×××元。
　　贵重物品：在将车辆交给我店检查修理前，已提示将车内贵重物品自行收起并保存好，如有遗失恕不负责。
　　接车员：王××　用户确认：李××

本任务主要学习汽车报警系统中各个警告灯的含义和作用。

1. ABS 警告灯

ABS 警告灯符号如图 5-2-1 所示，该警告灯用来显示 ABS（防抱死制动系统）工作状况。当打开点火开关 ON 档，车辆自检时，ABS 灯会点亮数秒，随后熄灭。如果未闪亮或者车辆起动后仍不熄灭，表明 ABS 出现故障，如图 5-2-2 所示。

图 5-2-1　ABS 警告灯符号 　　　　　图 5-2-2　ABS 异常

2. 安全带未系警告灯

安全带未系警告灯符号如图 5-2-3 所示。该警告灯用来显示安全带是否处于锁止状态，当该灯点亮时，说明安全带没有及时扣紧，如图 5-2-4a 所示，有些车型会同时发出相应的提示音。当安全带被及时扣紧后，该指示灯自动熄灭，如图 5-2-4b 所示。

图 5-2-3　安全带未系警告灯符号　　图 5-2-4　安全带警告灯工作状态

　　　　　　　　　　　　　　　　　　　a）未扣紧　b）扣紧后

3. 充电警告灯

充电警告灯符号如图 5-2-5 所示，该警告灯用来显示蓄电池使用状态。打开点火开关，车辆开始自检时，该警告灯点亮，如图 5-2-6 所示。起动后自动熄灭。如果起动后充电警告灯长亮，说明蓄电池出现了问题，需要更换。

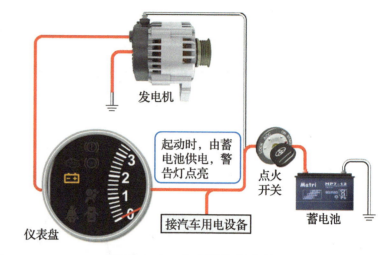

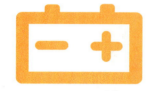

图 5-2-5　充电警告灯符号　　　　图 5-2-6　充电警告灯自检

4. 机油压力警告灯

机油压力警告灯符号如图 5-2-7 所示，该警告灯用来显示发动机内机油的压力状况。打开点火开关，车辆开始自检时，该警告灯点亮，发动机起动后熄灭。该警告灯长亮则说明该车发动机机油压力低于规定标准，需要维修，如图 5-2-8 所示。

图 5-2-7　机油压力警告灯符号　　　　图 5-2-8　机油压力异常

5. 燃油不足警告灯

燃油不足警告灯符号如图 5-2-9 所示，该警告灯用来显示车辆内储油量的多少，当点火开关打开，车辆进行自检时，该警告灯会短时间点亮，随后熄灭。如起动后该警告灯长亮，则说明车内油量已不足，如图 5-2-10 所示。

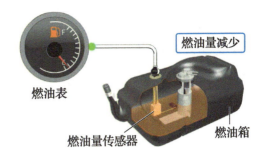

图 5-2-9　燃油不足警告灯符号　　图 5-2-10　燃油不足警告灯长亮

6. 安全气囊系统警告灯

SRS 警告灯又称为安全气囊系统警告灯，其符号如图 5-2-11 所示。该警告灯用来显示安全气囊的工作状态，当打开点火开关，车辆开始自检时，该警告灯自动点亮数秒后熄灭，如果长亮，则说明安全气囊出现故障，如图 5-2-12 所示。

图 5-2-11　SRS 警告灯符号　　　图 5-2-12　安全气囊系统故障

7. 制动摩擦片使用极限警告灯

制动摩擦片（摩擦块）使用极限警告灯符号如图 5-2-13 所示，该警告灯是用来显示车辆制动摩擦片磨损的状况。该警告灯通常为熄灭状态，当制动摩擦片出现故障或磨损过度时，该灯点亮，修复后熄灭，如图 5-2-14 所示。

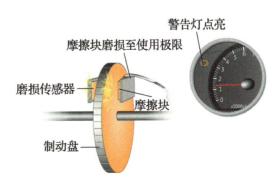

图 5-2-13　制动摩擦片
使用极限警告灯符号

图 5-2-14　制动摩擦片使用极限
警告灯点亮

8. 冷却液温度警告灯

冷却液温度警告灯符号如图 5-2-15 所示。冷却液温度表（习称水温表）的作用是指示发动机冷却液的温度。正常情况下，冷却液温度表指示值应为 85~95℃，如图 5-2-16 所示。冷却液温度表与装在发动机水套上的冷却液温度传感器配合工作。

图 5-2-15　冷却液温度警告灯符号

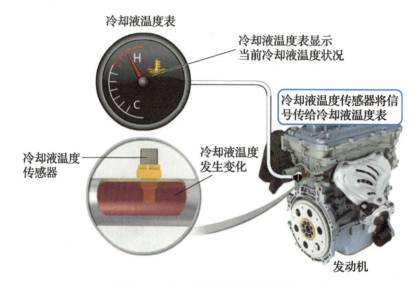

图 5-2-16　冷却液温度警告灯点亮

9. 发动机故障警告灯

发动机故障警告灯符号如图 5-2-17 所示，该警告灯用来显示车辆发动机的工作状况。当打开点火开关，车辆自检时，该警告灯点亮后自动熄灭，如长亮则说明车辆的发动机出现了机械故障，需要维修，如图 5-2-18 所示。

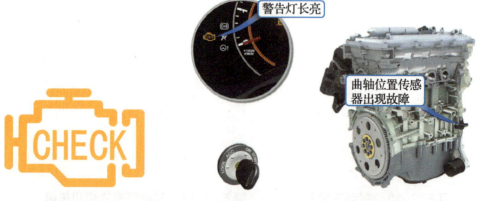

图 5-2-17　发动机故障警告灯符号　　　图 5-2-18　发动机故障警告灯长亮

10. 制动系统警告灯

制动系统警告灯符号如图 5-2-19 所示，该警告灯用来显示车辆驻车制动的状态，平时为熄灭状态。当驻车制动被拉起后，该警告灯点亮；驻车制动被放下时，该警告灯熄灭。除了显示驻车制动的状态之外，该灯还代表制动液不足（图 5-2-20）和制动系统发生故障。

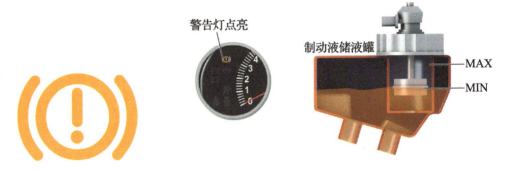

图 5-2-19　制动系统警告灯符号　图 5-2-20　制动液不足时制动系统警告灯点亮

11. 车门未关警告灯

车门未关警告灯符号如图 5-2-21 所示。该警告灯用来显示车辆各车门状况，任意车门未关上，或者未关好，该警告灯都会点亮，提示驾驶员车门未关好；当车门关闭或关好时，该警告灯熄灭。

12. 轮胎压力监测警告灯

轮胎压力监测警告灯符号如图 5-2-22 所示。该灯主要作用是监测车辆轮胎气压，当打开点火开关，车辆自检时，该警告灯点亮后自动熄灭，如长亮则说明车辆某个轮胎漏气。

图 5-2-21　车门未关警告灯符号　　图 5-2-22　轮胎压力监测警告灯符号

任务三　发动机转速表故障的检修

📝 情景导入

　　李先生准备开车去上班，当打开点火开关后发现发动机转速表指针不动。李先生随即拨打救援电话请维修师傅来检测，经检查发现发动机转速表有故障，需更换。你知道怎么更换发动机转速表吗？

接车与填写接车问诊表

车牌号：黑A×××××　　车架号：LSGBC1234JG××××××　　行驶里程：70000（km）	
用户名：李××　电话：150×××××××　来店时间：2022.2.1	
用户陈述及故障发生时的状况：发动机转速表指针不动	
接车员检测确认建议：更换转速表	
车间检测确认结果及主要故障零部件：	
车间检查确认者：	

外观确认： 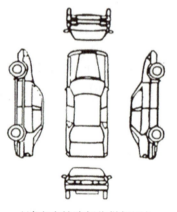 （请在有缺陷部位做标识）	功能确认：（工作正常 √　不正常 ×） ☑音响系统　☑门锁（防盗器）　☑全车灯光 ☑工具　☑后视镜　☑天窗　☑座椅 ☑点烟器　☑玻璃升降器　☑玻璃 物品确认：（有 √　无 ×） 　贵重物品提示 　☑工具　☑备胎 　☑灭火器　☑其他（　　　） 　旧件是否交还用户 　☑是　□否 　用户是否需要洗车 　☑是　□否

　　检测费说明：本次检测的故障如用户在本店维修，检测费包含在修理费用内；如用户不在本店维修，请您支付检测费。本次检测费：×××元。

　　贵重物品：在将车辆交给我店检查修理前，已提示将车内贵重物品自行收起并保存好，如有遗失恕不负责。

　　接车员：王××　用户确认：李××

一、发动机转速表结构原理

现代轿车上普遍装有发动机转速表，用于显示发动机的转速，驾驶员可根据发动机转速表的示值监控发动机的工作情况，更好地掌握换档时间和利用经济车速等；在检查与调整发动机时，维修人员也经常需要通过汽车上的发动机转速表获得发动机转速的参数。

当发动机转动时，传感器铁心下端与飞轮齿圈之间的空隙的大小就会周期性地改变，使绕在铁心上的磁感应线圈产生交变的感应电动势。此感应电动势的频率与发动机的转速成正比，因此这个信号的频率高低变化就反映了发动机的转速变化，如图 5-3-1 所示。

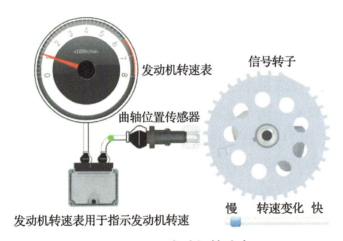

图 5-3-1　发动机转速表

二、发动机转速表常见故障

1. 分体式仪表的发动机转速表故障

分体式仪表的发动机转速表不工作，而点火系统工作正常，应重点检查点火线圈"–"端转速信号输出线及其连接、与仪表间的连接等是否有问题。若无问题，则说明发动机转速表损坏。

2. 组合仪表的发动机转速表常见故障

组合仪表中发动机转速表常见故障有发动机转速传感器故障、发动机和 ECT 故障、线束和插接器接触不良、组合仪表总成损坏。具体检测方法如下。

（1）传感器的检测　对各种电阻式传感器的检查，通常是采用测量其电阻的方法来判断它的好坏，即把所测得的电阻值与其规定的标准电阻值相比较，判断传感器有无故障。若所测的电阻值小于规定值时，传感器内部短路；若电阻值很大，则说明传感器内部断路或接触不良，应该更换传感器。

（2）插接器的检测　采用电子仪表的汽车，往往要用很多插接器把线束连接到仪表板上。这些插接器一般都采用不同颜色，以便辨认它属于哪一部分的连接，为保证其连接牢固、可靠，插接器上设有闭锁装置。在进行检测时，要注意防止插接器的闭锁装置、针状插头以及插座等受损、毁坏。特别是将测试设备与其导线连接时，最好使用备用的插接器插头，以防插接器针状插头磨损、松动等而造成接触不良。

（3）仪表的故障检查　仪表发生故障，首先应检查各导线的连接情况，包括各插接器接触情况，以及线束是否破损、搭铁、短路和断路等；然后再用检测设备分别对该仪表及其传感器进行测试，以判明故障。

（4）显示屏上部分笔画、线段故障　电子组合仪表上的显示屏部分笔画、线段出现故障，应将仪表板上的显示器调整到静态显示状态，仔细观察是否还有别的故障。如果仅有一两个笔画或线段不发亮或不显示，则说明逻辑电路板通过多路传输的脉冲信号正确，可能只是显示装置的部分线段工作不正常。遇此情况应进一步检查，属于接触不良的应加以紧固，确保其电路畅通；若是电子显示器件本身的问题，通常只有更换显示器件或逻辑电路板。

任务四 车速表故障的检修

 情景导入

　　李先生开车去上班，在行驶途中发现车速表指针不动。李先生随即拨打救援电话请维修师傅来检测，经检查车速表线路故障，需更换线路。你知道怎么更换车速表线路吗？

接车与填写接车问诊表

车牌号：黑A×××××　车架号：LSGBC1234JG××××××　行驶里程：70000（km）
用户名：李××　电话：150×××××××　来店时间：2022.2.1
用户陈述及故障发生时的状况：车速表指针不动
接车员检测确认建议：更换车速表线路
车间检测确认结果及主要故障零部件：
车间检查确认者：

外观确认：	功能确认：（工作正常√　不正常×） ☑音响系统　☑门锁（防盗器）　☑全车灯光 ☑工具　☑后视镜　☑天窗　☑座椅 ☑点烟器　☑玻璃升降器　☑玻璃
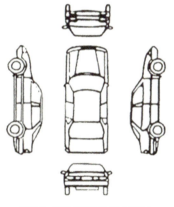 （请在有缺陷部位做标识）	物品确认：（有√　无×）
		贵重物品提示 ☑工具　☑备胎 ☑灭火器　☑其他（　　　） 旧件是否交还用户 ☑是　□否 用户是否需要洗车 ☑是　□否

　　检测费说明：本次检测的故障如用户在本店维修，检测费包含在修理费用内；如用户不在本店维修，请您支付检测费。本次检测费：×××元。

　　贵重物品：在将车辆交给我店检查修理前，已提示将车内贵重物品自行收起并保存好，如有遗失恕不负责。

　　接车员：王××　用户确认：李××

一、车速里程表结构原理

1. 作用

车速里程表中的车速表可显示行驶速度，里程表能记录车辆所行驶里程，车辆的保养周期可参照行驶里程确定。车速里程表实物如图 5-4-1 所示。

图 5-4-1　车速里程表

2. 分类

车速里程表分为纯机械式、机械电子式、纯电子式共三种。现代汽车普遍采用电子式车速里程表。

3. 工作原理

随着电子技术的发展，现在很多轿车仪表已经使用电子车速表，常见的一类电子车速表是从变速器上的速度传感器获取信号，通过脉冲频率的变化使指针偏转或者显示数字。

二、车速里程表常见故障

1. 车速表指针摇摆不定或抖动

这类故障的原因通常是车速表软轴或套管弯折，软轴转动时与套管刮碰；车速表速度盘轴的轴承磨损松旷，工作时也可造成指针摆动。进行故障检验时，要先拆下软轴和套管，检查套管有无弯折或压扁现象，如有上述现象，应视损伤程度进行修复或更换。如果套管良好，抽出软轴，持其两端，其中部下垂，用手转动软轴，若其中部有较大升降现象，说明软轴弯折，须更换新件。如经上述检查，软轴及套管均属正常，应将车速表解体，检查速度盘轴承，如果发现衬套磨损，予以更换即可。

2. 车速表指针不转动

这类故障往往由两种情况引起。一是车速表本身正常，故障在车速表传动部分，如速度盘轴折断、轴端严重磨损或车速表游丝损坏等；二是里程表字鼓不转，说明车速表和里程表的驱动机件损坏，通常是软轴折断或驱动齿轮损坏，拆检并予以更换。

3. 车速表工作正常而里程表字鼓不转

这种故障表明车速表驱动轴至第一字鼓间的传动齿轮损坏，无法带动字鼓转动，应拆卸检查，更换损坏的字鼓齿轮。

4. 车速表指示误差超过规定范围

其主要原因是蜗轮蜗杆传动部分和软轴以及车速表、里程表的主动轴磨损过度。排除方法是拆下软轴，检查两端的传动轴头的磨损情况，如磨损过大，应予更换。在安装时要分别检查传动部分与主动轴的配合情况，必要时应更换车速表、里程表或蜗轮蜗杆传动副。如果是磁力式车速里程表，考虑磁铁磁性是否退化，退化的应予更换。

任务五　冷却液温度表故障的检修

📝 情景导入

　　李先生开车去上班，发现冷却液温度表指针不动。李先生随即拨打救援电话请维修师傅来检测，经检查发现冷却液温度传感器有故障。你知道怎么更换冷却液温度传感器吗？

接车与填写接车问诊表

车牌号：黑A×××××　　车架号：LSGBC1234JG×××××　　行驶里程：70000（km）	
用户名：李××　电话：150×××××××　来店时间：2022.5.6	
用户陈述及故障发生时的状况：冷却液温度表指针不动	
接车员检测确认建议：更换冷却液温度传感器	
车间检测确认结果及主要故障零部件：	
车间检查确认者：	

外观确认：	功能确认：（工作正常 √　不正常 ×） ☑音响系统　☑门锁（防盗器）　☑全车灯光 ☑工具　☑后视镜　☑天窗　☑座椅 ☑点烟器　☑玻璃升降器　☑玻璃
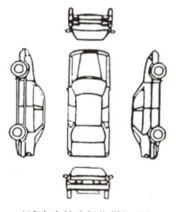 （请在有缺陷部位做标识）	物品确认：（有√　无 ×） 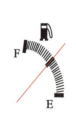　贵重物品提示 ☑工具　☑备胎 ☑灭火器　☑其他（　　　） 旧件是否交还用户 ☑是　□否 用户是否需要洗车 ☑是　□否

　　检测费说明：本次检测的故障如用户在本店维修，检测费包含在修理费用内；如用户不在本店维修，请您支付检测费。本次检测费：×××元。
　　贵重物品：在将车辆交给我店检查修理前，已提示将车内贵重物品自行收起并保存好，如有遗失恕不负责。
　　接车员：王××　用户确认：李××

一、冷却液温度表结构原理

冷却液温度表也称水温表，是用来显示发动机冷却液温度的仪表，常用计量单位是℃（摄氏度）。其工作原理与燃油表基本相同，只是冷却液温度传感器使用了负温度系数的热敏电阻，即当冷却液温度低时，热敏电阻电阻值很大，几乎没有电流通过；当冷却液温度上升时，热敏电阻的电阻值下降，电流增大。

冷却液温度传感器用螺纹固定在发动机水套上。热敏电阻决定了流经冷却液温度表线圈的电流大小，从而驱动表头指针摆动。正常情况下，冷却液温度表指示值应为85~95℃。冷却液温度表的功用如图5-5-1所示。

图 5-5-1 发动机冷却液温度表功用

二、冷却液温度表常见故障

汽车冷却液温度表电路的常见故障主要有指针不动或指示偏高、指示偏低、指示不准等，其故障分析和排除方法如下：

（1）接通电源后，指示表指针不动或指示数值偏高

1）故障原因：

①蓄电池至点火开关电路断路。

②点火开关到指示表边线断脱。

③指示表电热线圈损坏或指示表至传感器之间边线断脱。

④传感器损坏或搭铁不良。

2）处理方法：

①接通。

②更换导线。

③更换指示表或导线。

④修理或更换传感器。

（2）接通电源后，指针指示数值偏低

1）故障原因：

①指示表至传感器之间连线有搭铁。

②传感器内部有搭铁。

2）处理方法：

①修理或更换导线。

②更换传感器指针。

（3）指示数值不正确失准

1）故障原因：

①指示表与传感器未正确配套。

②指示表或传感器性能不良（如电热线圈烧坏造成短路或传感器的热敏电阻衰老变质）。

2）处理方法：

①指示表和传感器必须配套。

②对其进行检查或更换。

三、冷却液温度传感器的检测

1. 就车检测

点火开关置于 OFF 位置，拆卸冷却液温度传感器导线插接器，用数字式高阻抗万用表电阻档检测传感器两端子间的电阻值。

2. 单件检测

拔下冷却液温度传感器线束插头，然后从发动机上拆下冷却液温度传感器；将冷却液温度传感器置于烧杯的水中，加热杯中的水，同时用万用表电阻档测量在不同水温条件下水温传感器两接线端子间的电阻值；将测得的值与标准值相比较，如果不符合标准，则应更换水温传感器。检测方法如图 5-5-2 所示。

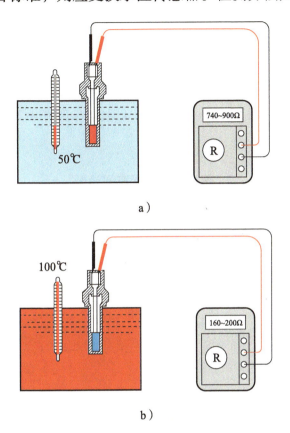

图 5-5-2　冷却液温度传感器检测

a）温度较低时　b）温度较高时

任务六　燃油表故障的检修

情景导入

　　李先生刚给车加满油，却发现燃油表指针指向无油位置。李先生随即拨打救援电话请维修师傅来检测，经检查发现燃油量传感器有故障。你知道怎么更换燃油量传感器吗？

接车与填写接车问诊表

车牌号：黑 A ×××××　车架号：LSGBC1234JG×××××　行驶里程：70000（km）
用户名：李××　电话：150××××××××　来店时间：2022.11.1
用户陈述及故障发生时的状况：燃油表指针总是指向无油位置
接车员检测确认建议：更换燃油量传感器
车间检测确认结果及主要故障零部件：
车间检查确认者：

外观确认：	功能确认：（工作正常√　不正常 ×） ☑音响系统　☑门锁（防盗器）　☑全车灯光 ☑工具　☑后视镜　☑天窗　☑座椅 ☑点烟器　☑玻璃升降器　☑玻璃
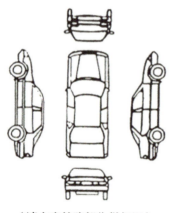 （请在有缺陷部位做标识）	物品确认：（有√　无 ×） 　贵重物品提示 ☑工具　☑备胎 ☑灭火器　☑其他（　　　） 旧件是否交还用户 ☑是　□否 用户是否需要洗车 ☑是　□否

　　检测费说明：本次检测的故障如用户在本店维修，检测费包含在修理费用内；如用户不在本店维修，请您支付检测费。本次检测费：×××元。

　　贵重物品：在将车辆交给我店检查修理前，已提示将车内贵重物品自行收起并保存好，如有遗失恕不负责。

　　接车员：王××　用户确认：李××

一、燃油表结构原理

燃油表如图 5-6-1 所示。

1）作用：用以指示汽车燃油箱内的存油量。

2）组成：由带稳压器的燃油面指示表和油面高度传感器组成。

3）分类：主要分为数字显示燃油表和指针显示燃油表两种。

图 5-6-1　燃油表

二、燃油表常见故障

（1）接通点火开关后，不论油箱中存油多少，燃油表指针总指向 1（满油）

1）故障原因：燃油表至传感器导线断路；传感器内部断路。

2）故障诊断：接通点火开关，拆下燃油表传感器接线柱导线做搭铁试验，如指针指 0，说明传感器内部断路；若仍不指 0，可使燃油表引出接线搭铁试验，若指针指 0，说明燃油表至传感器导线断路，可视情况进行修理。

（2）接通点火开关后，燃油表指针总是指示 0 位，而实际上油箱并非无油

1）故障原因：传感器内部搭铁；浮筒损坏；燃油表接线柱极性接反；燃油表电源线断路。

2）故障诊断：检查其导线连接是否良好，如连线良好，可拆下传感器上导线做搭铁试验；若此时指针转动正常，说明传感器内部有搭铁或浮筒损坏，应进行拆卸修理。

任务七　警告灯点亮常见故障的检修

✏️ 情景导入

　　李先生在驾驶车辆过程中发现机油压力警告灯点亮。李先生随即拨打救援电话请维修师傅来检测，经检查发现传感器有故障。你知道怎么更换机油压力传感器吗？

接车与填写接车问诊表

车牌号：黑A×××××　车架号：LSGBC1234JG×××××　行驶里程：80000（km）
用户名：李××　电话：150×××××××　来店时间：2023.9.1
用户陈述及故障发生时的状况：车辆行驶中机油压力警告灯点亮
接车员检测确认建议：更换机油压力传感器
车间检测确认结果及主要故障零部件：
车间检查确认者：

外观确认：

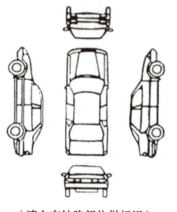

（请在有缺陷部位做标识）

功能确认：（工作正常√　不正常 ×）
☑音响系统　☑门锁（防盗器）☑全车灯光
☑工具　☑后视镜　☑天窗　☑座椅
☑点烟器　☑玻璃升降器　☑玻璃

物品确认：（有√　无 ×）

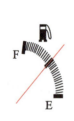

贵重物品提示
☑工具　☑备胎
☑灭火器　☑其他（　　　）
旧件是否交还用户
☑是　□否
用户是否需要洗车
☑是　□否

　　检测费说明：本次检测的故障如用户在本店维修，检测费包含在修理费用内；如用户不在本店维修，请您支付检测费。本次检测费：×××元。
　　贵重物品：在将车辆交给我店检查修理前，已提示将车内贵重物品自行收起并保存好，如有遗失恕不负责。
　　接车员：王××　用户确认：李××

本任务主要学习一些警告灯点亮常见故障的检修方法。

1. 充电警告灯

充电警告灯反映汽车的充电状况。如果充电警告灯突然点亮，首先用万用表检测发电机，判断它是否正常发电；发动机在怠速运转时，如果蓄电池正常充电，即说明发电机能够发电，充电线路也正常，只是充电警告灯线路出了问题；否则，就应该检修充电线路，包括发电机电刷、整流装置、调节器以及导线等。

2. 机油压力警告灯

当机油压力不足时，该警告灯就会点亮。对于这种情况，一方面要检查警告灯线路，另一方面要测量机油压力是否正常。如果机油压力较低，则可能是机油泵磨损过度、机油滤网堵塞或油底壳漏油、机油液面过低。

3. 定期换油警告灯

当汽车行驶一定里程后，汽车 ECU 检测到"应更换润滑油"时，该灯就会点亮。在更换完润滑油后，一般该灯不会自动熄灭，要经过归零后才能熄灭。仪表板上有归零按钮的，可在更换完润滑油后，触动一下该按钮，警告灯才会归零；无按钮的车辆可以通过检测仪来归零，也可以使用人工方法，不过操作比较复杂。

4. 驻车制动警告灯

车辆经常会出现这种情况：整个驻车制动系统是完好的，但驻车制动警告灯却不熄灭。这一般是制动液液面偏低造成的，当加够制动液之后，该警告灯就会自动熄灭。

5. 发动机故障警告灯

对于电控燃油喷射发动机，其仪表盘上都有一个发动机故障警告灯，在没有起动发动机之前，该警告灯是点亮的。起动之后，经过自检，如果没有故障，警告灯就会熄灭，若点亮，表明系统存在故障。这时，可以通过诊断仪读取发动机故障码，待查询有关故障码的含义并排除故障后，应清除故障码。

6. 自动变速器故障警告灯

对于电控自动变速器，当线路或传感器出现故障时，仪表盘上也会有相应的指示，如档位指示灯闪亮、仪表盘的液晶显示器上显示故障字样，均表示自动变速器控制系统存在故障。这一类故障的排除过程类似于发动机故障警告灯。

7. ABS 警告灯

对于安装有防抱死制动系统的车辆，都会有 ABS 警告灯。如果该灯保持长亮，则说明其指示系统、电源系统可能存在故障；如果在行车时该灯才亮，则轮速传感器信号有问题，该系统有故障码可供查询。

8. SRS 故障警告灯

它是安全防撞系统，也就是我们通常所说的安全气囊的故障警告灯。该系统和汽车上其他电控系统一样，具有自我诊断、记忆功能。在修好 SRS 方面的故障后，只有当这些"记忆"被清除，SRS 故障灯才会熄灭。不同车系的 SRS 系统，有不同的清除故障记忆的方法。

熟练地利用仪表盘上这些故障警告灯所提供的信息来解决相关的故障，不是一件很简单的事，只有在检修过程中，反复实践，才能掌握正确的解决方法。

📝 课程育人

未来，仪表的精度会越来越高，更加迎合人们的需求。汽车仪表正逐步向智能化以及微型化发展，汽车电子控制系统、传感设备的种类更加多样化，性能也有了较大的提升。此外，在现代汽车的整个系统当中，有多方面的信息，对其信息的存储量会越来越大，其程度也会更加复杂化，需要进一步提升微处理器的处理能力，以便提升处理速度。在未来，汽车电子产品会向更加安全、环保、节能、娱乐和舒适的方向发展，计算机技术在车辆中的应用会越来越多，车辆仪表技术会更加智能化和稳定化。

总之，随着科学技术的全面发展，汽车当中的各项技术也在不断地更新和发展，其中汽车仪表技术的发展有很大的空间，促进了汽车行业的发展。但是，对于仪表智能化的转变还有很长的探索之路，因此还要进一步对其进行探究，推动汽车的发展。

⚠️ **思考**　现在电动车辆仪表的发展情况如何？

📝 巩固提升

一、选择题

1. 检修燃油表时，将点火开关置于 ON 位置，发现燃油表指针摆动不正常，则（　　）。

　A.修理电气配线　　　　　　　　B.更换组合仪表

　C.更换燃油泵　　　　　　　　　D.更换线圈

2. 下列图标中燃油不足警告灯符号是（　　）。

　A. 　　B. 　　C. 　　D.

3. 拆卸后的仪表总成应放置在（　　）。

　A.棉垫上　　　　　　　　　　　B.牛皮纸上

　C.塑料绝缘板上　　　　　　　　D.导电垫板上

二、判断题

1. 转速表按其结构不同可分为机械式和电子式，其中应用较广泛的是机械式。（　　）

2. ABS 警告灯用来显示安全气囊的工作状态。（　　）

3. 车速里程表与装在油箱内的燃油传感器配合工作传感器一般为可变电阻式。（　　）

4. 充电警告灯用来显示蓄电池的使用状态。（　　）

5. 拆卸仪表总成时应先断开电源。（　　）

6. 拆卸仪表总成时可以接触仪表插接器针脚。（　　）

辅助电器系统常见故障的检修

汽车电气设备中除了前面任务中介绍的电源系统、起动系统和照明与信号系统，还包括辅助电器，诸如刮水器、中控门锁、电动车窗、电动天窗、电动后视镜、电动座椅和空调系统等（图6-0-1），它们提高了汽车行驶的安全性、可靠性和舒适性。

本项目通过讲解汽车辅助电器系统的结构和检修，使学生了解汽车辅助电器的功用、结构及其工作原理，掌握汽车辅助电器中各主要零部件的检修方法。

图6-0-1　汽车辅助电器

✎ 学习目标

知识目标

1. 能够描述电动刮水器的功用、组成。

2. 能够描述电动后视镜的功用、组成。

3. 能够描述汽车电动车窗的功能、组成。

4. 能够描述电动座椅的功用、组成。

5. 能够描述中控门锁的功用、组成。

6. 能够描述汽车空调系统的功用、组成及其工作原理。

技能目标

1. 能够分析汽车车身电气系统的电路图。

2. 能对电动刮水器系统进行维修。

3. 能对电动后视镜系统进行维修。

4. 能对汽车电动车窗系统进行维修。

5. 能对电动天窗系统进行维修。

6. 能对电动座椅系统进行维修。

7. 能对中控门锁系统进行维修。

8. 能正确使用检测仪器和工具对空调系统及其零部件进行检测。

素质目标

1. 培养良好的职业道德和工匠精神。

2. 培养安全意识和团队协作精神。

3. 培养自我管理和自主学习能力。

任务一　电动刮水器的故障检修

🖊 情景导入

　　某别克汽车 4S 站接到一辆 2018 款别克威朗轿车,车主贾先生反映该车刮水器只能在低速档刮水,且喷水功能无法使用。维修人员根据故障现象基本判定为刮水器及清洗开关损坏,还有可能是刮水器电动机、清洗电动机损坏,需要对刮水器及清洗系统进行检修。

　　请你仔细查看服务顾问提供的汽车问诊表,并针对故障进行后续处理。

接车与填写接车问诊表

车牌号:黑 A×××××　　车架号:LSGBC1234JG×××××　　行驶里程:70000(km)
用户名:贾××　电话:150×××××××　来店时间:2023.8.1
用户陈述及故障发生时的状况:刮水器只能在低速档刮水,且喷水功能无法使用
接车员检测确认建议:检查汽车刮水器及清洗系统
车间检测确认结果及主要故障零部件:
车间检查确认者:

（续）

外观确认： 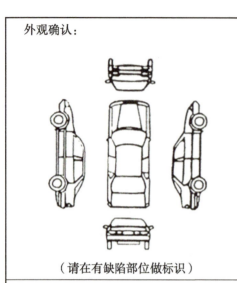 （请在有缺陷部位做标识）	功能确认：（工作正常√　不正常×） ☑音响系统　☑门锁（防盗器）☑全车灯光 ☑工具　☑后视镜　☑天窗　☑座椅 ☑点烟器　☑玻璃升降器　☑玻璃
	物品确认：（有√　无×）
		贵重物品提示 ☑工具　☑备胎 ☑灭火器　☑其他（　　　） 旧件是否交还用户 ☑是　□否 用户是否需要洗车 ☑是　□否

检测费说明：本次检测的故障如用户在本店维修，检测费包含在修理费用内；如用户不在本店维修，请您支付检测费。本次检测费：×××元。

贵重物品：在将车辆交给我店检查修理前，已提示将车内贵重物品自行收起并保存好，如有遗失恕不负责。

接车员：王×× 用户确认：贾××

一、电动刮水器的功用

电动刮水器是汽车常用的车身附件，主要用于在雨天刮除风窗玻璃上的雨水，也用于扫除风窗玻璃上妨碍视线的积雪和尘土，因此它对于行车安全具有重要的作用，如图 6-1-1 所示。刮水器的动力源自电动机，因此电动刮水器电动机是整个刮水系统的核心，刮水片是安装在刮水器支架上的重要附件。

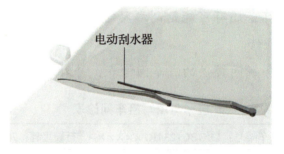

图 6-1-1　电动刮水器的作用

二、电动刮水器的结构

电动刮水器是由电动机、蜗轮总成、底板、曲柄、连杆、摆臂、摆杆和刮水片组成，如图 6-1-2 所示。

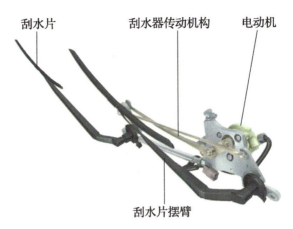

图 6-1-2 电动刮水器结构

三、电动刮水器的安装位置

汽车刮水器安装在风窗玻璃前面，用于清洁风窗玻璃表面，保证汽车在雨天或雪天时给驾驶员提供良好的视线，确保其行驶安全。

四、电动刮水器电动机的组成

刮水器电动机主要由电枢、永久磁铁、电刷、触点、蜗轮、铜环组成，如图 6-1-3 所示。

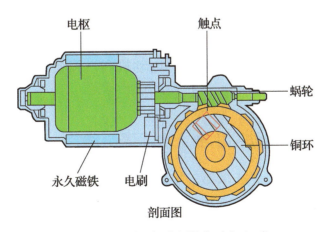

图 6-1-3 电动刮水器电动机组成

五、电动刮水器的工作原理

刮水器控制电路主要由蓄电池、刮水器与洗涤器开关、卸荷继电器、刮水器继电器、刮水器电动机及洗涤器电动机等组成。通过控制刮水器开关，可实现刮水器的停机复位、低速运转、高速运转、间歇控制和喷水工作。

在任意时刻刮水结束后刮水片都能自动回到风窗玻璃最下端，当刮水片没有停到适当位置时，自动复位开关触片将接触，电路为蓄电池（+）→电源开关→熔断器→刮水器电动机→刮水器开关→自动复位触片→搭铁→蓄电池（–），维持刮水器电动机电路接通，以低速运行。当刮水片摆到适当位置后，自动复位开关触片分离，切断电动机的搭铁线。

电源开关接通后，当刮水器开关置于 LO 档时，此时电路为蓄电池（+）→电源开关→熔断器→刮水器开关→刮水器电动机→搭铁，刮水器电动机通电，但因此电路中与刮水器电动机串联的电枢绕组较多，电枢在永久磁场作用下低速运转。

电源开关接通后，当刮水器开关置于 HI 档时，此时电路为蓄电池（+）→电源开关→熔断器→刮水器开关→刮水器电动机→搭铁，刮水器电动机通电，但因此电路中与刮水器电动机串联的电枢绕组减少，电枢在永久磁场作用下高速运转。

电源开关接通后，当刮水器开关置于 INT 档时，刮水器电动机就在间歇继电器的控制下工作，此时电路为蓄电池（+）→电源开关→熔断器→间歇继电器→刮水器电动机→搭铁，刮水器电动机通电，按每停止 2~12s 刮水一次的规律自动停止和刮拭。

当刮水器开关置于 PULL 档时，此时电路为蓄电池（+）→电源开关→熔断器→刮水器和洗涤器组合开关→刮水器电动机和洗涤器电动机→搭铁，刮水器电动机和洗涤器电动机同时通电，洗涤工作开始。

六、别克威朗的电动刮水器／洗涤器电路

别克威朗电动刮水器／洗涤器的电路如图 6-1-4 所示，该系统主要由电动刮水器开关 S82、车身控制模块 K9、电动刮水器电机模块 M79、雨量／环境光照传感器模块 B177、风窗玻璃冲洗泵继电器 KR11、风窗玻璃洗涤器泵 G24 和风窗玻璃洗涤液液位开关 B1118B 组成。该系统的信号传递使用了 LIN 总线，所以电路图结构较为简单。

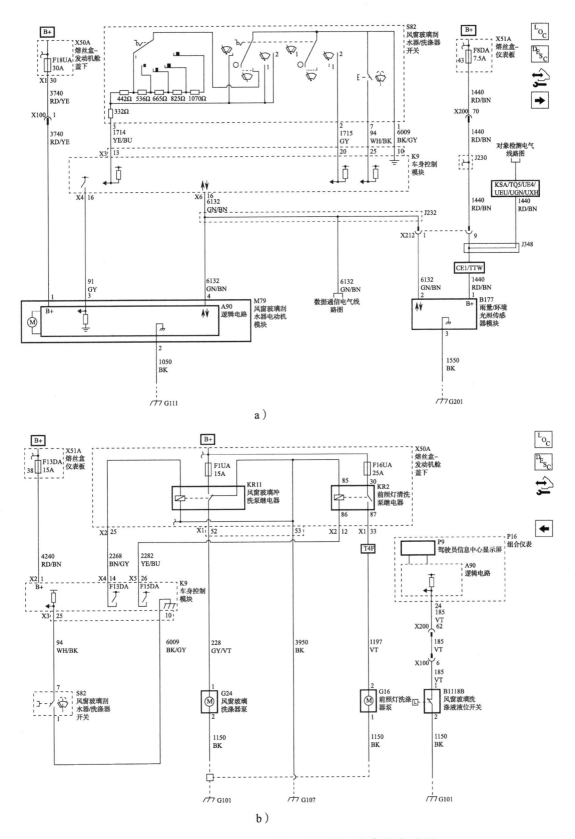

图 6-1-4 别克威朗电动刮水器/洗涤器电路图

1. 电动刮水器工作电路

当打开刮水器开关后，X50A 发动机舱盖下的熔丝盒通过 F18UA 30A 的熔丝给风窗玻璃刮水器电动机模块 M79 的 1 号脚供电，M79 风窗玻璃刮水器电动机模块的 2 号脚通过 G111 进行搭铁。M79 风窗玻璃刮水器电动机模块的 4 号脚通过 LIN 总线与车身控制模块 K9 的 X6 插接器 16 号脚相连，进行数据交换；M79 风窗玻璃刮水器电动机模块的 3 号脚与车身控制模块 K9 的 X4 插接器 16 号脚相连。

电动刮水器开关 S82 的 1 号脚通过车身控制模块 K9 的 X3 插接器 10 号脚搭铁，而电动刮水器开关 S82 的另外三根线分别连接到车身控制模块 K9 的 X3 插接器的 13、20 和 25 号脚。而车身控制模块 K9 的 X3 插接器的 13、20 和 25 号脚内部分别连接了三个上拉电阻，当 X3 插接器的 13、20 和 25 号脚所连接的外部电路接入不同的电阻值时，便能识别到不同的档位。

当启用刮水器不同档位时，如图 6-1-4 所示，不同刮水速度的档位串联到电路当中的电阻值也不相同，车身控制模块 K9 的 X3 插接器的 13 号脚与刮水器开关 S82 的 3 号脚相连，并通过刮水器开关 S82 的 1 号脚与车身控制模块 K9 的 X3 插接器的 10 号脚连通，搭铁，送给车身控制模块 K9 的 X3 插接器的 13 号脚一个被拉低的电位信号。由于不同刮水速度开关位置不同，串联进电路中的电阻值也不相同，因此车身控制模块 K9 的 X3 插接器的 13 号脚的电压也不相同，这样便可以通过不同的电压值来识别刮水器开关的不同位置了。

2. 风窗玻璃洗涤泵工作电路

当启用喷水档位时，车身控制模块 K9 的 X3 插接器的 25 号脚与刮水器开关 S82 的 7 号脚相连，并通过刮水器开关 S82 的 1 号脚与车身控制模块 K9 的 X3 插接器的 10 号脚连通，搭铁，送给车身控制模块 K9 的 X3 插接器的 25 号脚一个低电位信号，表示开关闭合，喷水档位工作，然后车身控制模块 K9 的 X6 插接器 16 号针脚通过 LIN 总线给风窗玻璃刮水器电动机模块 M79 的 4 号针脚输送档位信号，风窗玻璃刮水器电动机模块控制刮水器电动机工作。同时车身控制模块 K9 的 X4 插接器的 14 号脚给 X50A 发动机舱盖下的熔丝盒的 X2 插接器 25 号针脚一个电源电压，KR11 风窗玻璃冲洗泵继电器

工作，X50A 发动机舱盖下的熔丝盒的 F1UA 15A 给 G24 风窗玻璃洗涤器泵 1 号脚一个电源电压，G24 风窗玻璃洗涤器泵 2 号脚到 G101 搭铁，G24 风窗玻璃洗涤泵开始工作。

七、汽车刮水器及洗涤器系统常见故障及原因

刮水器及洗涤器系统的常见故障有刮水器和洗涤器完全不工作、刮水器和洗涤器在某些档位不工作以及洗涤器不工作等。

1. 刮水器和洗涤器完全不工作

出现刮水器和洗涤器完全不工作故障，应该从刮水器和洗涤器熔丝、刮水器和洗涤器开关、线束等涉及整个系统工作的部位着手考虑。

2. 刮水器和洗涤器在某些档位不工作

刮水器和洗涤器在某些档位不工作的故障，又可以分为在低速档（LO）不工作、高速档（HI）不工作、间歇档（INT）不工作、洗涤器在 ON 刮水器不工作等，应该从刮水器和洗涤器开关、刮水器和洗涤器电动机、线束等方面着手考虑，其中间歇档不工作对于刮水器继电器独立的车型，还应考虑刮水器继电器故障。

3. 洗涤器不工作

出现洗涤器不工作故障，应该从洗涤器熔丝、洗涤器开关、洗涤器电动机、线束等方面着手考虑。

4. 刮水器及洗涤器系统不工作故障诊断流程

别克威朗轿车出现刮水器和洗涤器不工作故障时，应该从熔丝、搭铁及线路连接等涉及整个刮水器及洗涤器系统的部位着手进行检查，若诊断为可能是由于刮水器电动机、洗涤器电动机等故障引起，应该完成对刮水器电动机、洗涤器电动机的检查，必要时应按技术标准完成刮水器电动机、洗涤器电动机的更换，故障诊断的流程如图 6-1-5 所示。

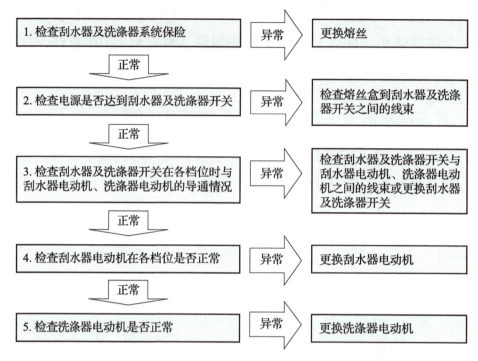

图 6-1-5　汽车刮水器及洗涤器系统不工作故障诊断流程

八、部件检查

S82 风窗玻璃刮水器 / 洗涤器开关端子图如图 6-1-6 所示，在进行风窗玻璃刮水器 / 洗涤器开关检查时，先将点火开关置于"OFF（关闭）"位置，断开 S82 风窗玻璃刮水器 / 洗涤器开关处的线束插接器。

1）高速开关处于打开位置时，测试信号端子 2 和低电平参考电压端子 1 之间的电阻是否为无穷大，如果电阻不为无穷大，更换 S82 风窗玻璃刮水器 / 洗涤器开关；如果电阻为无穷大，则进行下一步检查。

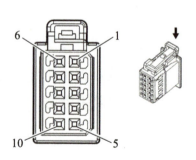

图 6-1-6　S82 风窗玻璃刮水器 / 洗涤器开关端子

2）高速开关处于闭合位置时，测试信号电路端子 2 和低电平参考电压电路端子 1 之间的电阻是否小于 2Ω，如果等于或大于 2Ω，更换 S82 风窗玻璃刮水器 / 洗涤器开关；如果小于 2Ω，则进行下一步检查。

3）低速开关处于打开位置时，测试信号端子 3 和低电平参考电压端子 1 之间的电阻是否为无穷大，如果电阻不为无穷大，更换 S82 风窗玻璃刮水器 / 洗涤器开关；如果电阻为无穷大，则进行下一步检查。

4）将 S82 风窗玻璃刮水器／洗涤器开关置于"INT（间歇）"位置，通过按下下列位置处的开关，确认信号电路端子 3 和低电平参考电压电路端子 1 之间的电阻读数在规定范围内：

①延迟 1：3.74~4.00kΩ 。

②延迟 2：2.75~2.85kΩ。

③延迟 3：1.95~2.05 kΩ。

④延迟 4：1.25~1.35 kΩ。

⑤延迟 5：765~775 Ω。

如果不在规定范围内，更换 S82 风窗玻璃刮水器／洗涤器开关，如果在规定范围内，则说明开关一切正常。

✐ 巩固提升

一、选择题

1. 刮水器电动机按其磁场结构可分为励磁式和永磁式两种，目前广泛应用于轿车的是（　　）。

   A. 永磁式　　　　　B. 励磁式　　　　　C. 混合式　　　　　D. 两种都一样

2. 拆卸刮水器电动机时，应首先拆卸（　　）。

   A. 刮水片　　　　B. 刮水器臂　　　C. 刮水器臂端盖　　D. 刮水器电动机

3. 实际使用的绕线式刮水器实现变速的原理是利用刮水器开关控制励磁电路中（　　）的大小来变化其转速。

   A. 电阻　　　　B. 电流　　　　C. 电压　　　　　D. 以上都不对

4. 如果刮水器出现不能复位的故障现象，则可能的原因是（　　）。

   A. 刮水器电动机损坏　　　　　　B. 复位开关损坏

   C. 刮水器电动机的搭铁不良　　　D. 熔丝烧毁

二、判断题

1. 刮水器电动机是刮水器系统的动力装置，也是刮水器系统的核心部件之一。　　　　　　　　　　　　　　　　　　　　　　　　　　　（　　）

2. 通过刮水器开关档位的选择，可以改变刮水器电动机电流的大小，从而控制电动机转速，实现刮水器工作的快慢。　　　　　　　　　（　　）

任务二　电动后视镜故障的检修

✏️ **情景导入**

　　某别克汽车4S站接到一辆轿车，车主王先生反映，傍晚下班开车回家，发现左侧后视镜的视角不对，于是按动调节开关，发现左侧后视镜无法调整。经维修技师检查后发现，该车左侧后视镜调节电动机已损坏，需要更换左后视镜。

　　请你查看服务顾问提供的汽车问诊表，并针对故障进行后续处理。

接车与填写接车问诊表

车牌号：黑A×××××　　车架号：LSGBC1234JG××××××　　行驶里程：60000（km）
用户名：王×× 电话：150××××××× 来店时间：2021.9.1
用户陈述及故障发生时的状况：左侧后视镜无法调整
接车员检测确认建议：检查汽车后视镜系统
车间检测确认结果及主要故障零部件：
车间检查确认者：

外观确认： 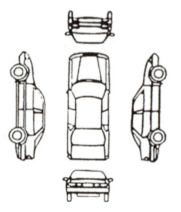 （请在有缺陷部位做标识）	功能确认：（工作正常 √　不正常 ×） ☑音响系统　☑门锁（防盗器）　☑全车灯光 ☑工具　☒后视镜　☑天窗　☑座椅 ☑点烟器　☑玻璃升降器　☑玻璃
	物品确认：（有√　无×）
	　贵重物品提示 ☑工具　☑备胎 ☑灭火器　☑其他（　　　） 旧件是否交还用户 ☑是　☐否 用户是否需要洗车 ☑是　☐否

　　检测费说明：本次检测的故障如用户在本店维修，检测费包含在修理费用内；如用户不在本店维修，请您支付检测费。本次检测费：×××元。

　　贵重物品：在将车辆交给我店检查修理前，已提示将车内贵重物品自行收起并保存好，如有遗失恕不负责。

　　接车员：王××　用户确认：王××

一、电动后视镜的功用

汽车电动后视镜一般安装于车辆左右两侧的车门上，主要用于反映车辆后方、侧方和下方的情况，从而扩大驾驶员的视野范围，如图 6-2-1 所示。

电动后视镜可以方便驾驶员调整后视镜位置，并且
看清后方情况

图 6-2-1　电动后视镜

二、电动后视镜的组成

汽车电动后视镜一般由后视镜片、电动机、后视镜片固定架、电动后视镜外壳、控制电路等组成，如图 6-2-2 所示。

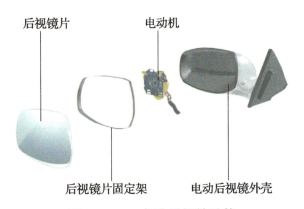

图 6-2-2　电动后视镜结构

在每个电动后视镜的背后装有驱动机构和两个可逆电动机，可操纵后视镜上下及左右翻动。上下方向的转动由一个电动机控制，左右方向的翻动由另一个电动机控制。通过改变电动机的电流方向，来完成后视镜位置的调整，如图 6-2-3 所示。

电动后视镜内部电动机带动镜片翻动

图 6-2-3　电动后视镜工作过程

三、电动后视镜的类型

电动后视镜按照安装位置、镜面形状、功能、操作方式可分为不同的类型，见表 6-2-1。

表 6-2-1　电动后视镜类型

分类方式	类型	特点
按照安装位置不同	内后视镜	一般安装在驾驶室的前上方，用于观察车内或透过后车窗观察后方情况
	外后视镜	分为左右两侧，安装在车门左右或前立柱附近，用于观察道路两侧
	下后视镜	安装在车身外部的车前或车后部位，用于观察车前或车后地面
按照镜面形状不同	平面镜	不失真，但后视范围小
	球面镜	后视范围大，但物体映像缩小失真
	双曲率镜	基本不存在失真和盲区问题，但成本高
按照功能不同	普通型	反射膜为铝或银，无防眩目功能
	防眩目型	分为菱形镜、平面镜和液晶镜
按照操作方式不同	手动型	通过杠杆传递，由软轴驱动
	电动型	由电动机驱动

四、电动折叠后视镜

电动折叠后视镜是指外后视镜在需要时电动折叠起来，当通过空间狭小的道路时或在路边停车时把后视镜折叠收缩起来更加安全便利，电动折叠控制钮在车内。电动外后视镜的镜片后面装有驱动机构，它由小型可逆式直流电动机、减速齿轮、电磁离合器组成，驾驶员在车内控制开关对外后视镜进行上下左右调整，调整范围在 30° 以内，还可以增加电动折叠功能，如图 6-2-4 所示。

图 6-2-4　电动折叠后视镜

五、电动后视镜工作电路

别克威朗电动后视镜的电路如图 6-2-5 所示，该系统主要由电动后视镜开关 S52、驾驶员侧车外后视镜 A9A、乘客侧车外后视镜 A9B、熔丝盒 - 仪表板 X51A 组成。

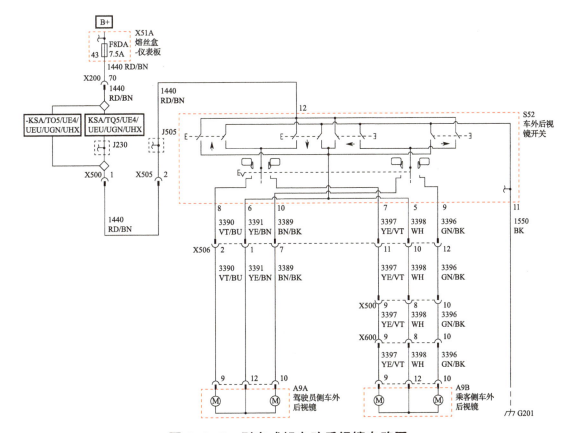

图 6-2-5　别克威朗电动后视镜电路图

1. 驾驶员侧车外后视镜向下调节工作电路

当驾驶员需要向下调节驾驶员侧车外后视镜时，先把后视镜选择开关往左边拨动，选择驾驶员侧后视镜；然后按下向下调节按钮，电流通过 F8DA 7.5A 的熔丝流经电动后视镜开关 S52 的 12 号针脚，之后从电动后视镜开关 S52 的 8 号针脚流出，进入驾驶员侧车外后视镜 9 号针脚，接着从驾驶员侧车外后视镜 12 号针脚流出，进入电动后视镜开关 S52 的 6 号针脚，最后从电动后视镜开关 S52 的 11 号针脚流出，进入 G201 搭铁，实现驾驶员侧车外后视镜向下调节。驾驶员侧车外后视镜向上调节与向下调节的电路类似。

2. 驾驶员侧车外后视镜向左调节工作电路

当驾驶员需要向左调节驾驶员侧车外后视镜时，先把后视镜选择开关往左边拨动，选择驾驶员侧后视镜；然后按下向左调节按钮，电流通过 F8DA 7.5A 的熔丝流经电动后视镜开关 S52 的 12 号针脚，之后从电动后视镜开关 S52 的 6 号针脚流出，进入驾驶员侧车外后视镜 12 号针脚，接着从驾驶员侧车外后视镜 10 号针脚流出，进入电动后视镜开关 S52 的 10 号针脚，最后从电动后视镜开关 S52 的 11 号针脚流出，进入 G201 搭铁，完成驾驶员侧车外后视镜向左调节。驾驶员侧车外后视镜向右调节与向左调节的电路类似。

乘客侧车外电动后视镜的调节工作电路，与驾驶员侧车外电动后视镜调节工作电路控制方式一样，只是需要后视镜选择开关往右边拨动即可。

六、电动后视镜常见故障及原因分析

汽车电动后视镜常见故障现象、故障原因分析见表 6-2-2。

表 6-2-2　电动后视镜常见故障及原因分析表

故障现象	故障原因
两侧电动后视镜均不能动	①熔丝熔断 ②搭铁不良 ③后视镜开关损坏 ④后视镜电动机损坏 ⑤电路断路
一侧电动后视镜不能动	①后视镜开关损坏 ②电动机损坏 ③搭铁不良 ④电路断路
一侧电动后视镜上下／左右方向不能动	①上下／左右调整电动机损坏 ②搭铁不良

七、系统测试

S52 电动后视镜开关端子图如图 6-2-6 所示。在 S52 车外后视镜开关控制下，确认 A9A 驾驶员侧车外后视镜和 A9B 乘客侧车外后视镜分别向上、向下、向左和向右操作。如果"A9A 驾驶员侧车外后视镜"和"A9B 乘客侧车外后视镜"都不能移动，则说明两个车外后视镜均不工作。

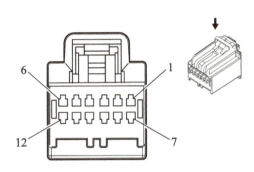

图 6-2-6　S52 电动后视镜开关端子图

在进行检测前，先将点火开关置于"OFF（关闭）"位置，并关闭所有车辆系统，断开 S52 车外后视镜开关的线束插接器。可能需要 2min 才能让所有车辆系统断电。

测试搭铁电路端子 5 和搭铁之间的电阻是否小于 10Ω，如果等于或大于 10Ω，则将点火开关置于"OFF（关闭）"位置，测试搭铁电路端对端的电阻是否小于 2Ω，如果等于或大于 2Ω，则修理电路中的开路 / 电阻过大故障；如果小于 2Ω，则修理搭铁连接中的开路 / 电阻过大故障；如果小于 10Ω，则确认 B+ 电路端子 4 和搭铁之间的测试灯点亮，如果测试灯未点亮且电路熔丝完好，则将点火开关置于"OFF（关闭）"位置，测试 B+ 电路端对端的电阻是否小于 2Ω，如果等于或大于 2Ω，则修理电路中的开路 / 电阻过大故障，如果小于 2Ω，则确认熔丝未熔断且熔丝有电压；如果测试灯未点亮且电路熔丝熔断，将点火开关置于"OFF（关闭）"位置，测试 B+ 电路和搭铁之间的电阻是否为无穷大，如果电阻不为无穷大，则修理电路中对搭铁短路故障；如果电阻为无穷大，测试下列控制电路端子和搭铁之间的电阻是否为无穷大：端子 1 控制电路、端子 2 控制电路、端子 3 控制电路、端子 7 控制电路、端子 8 控制电路、端子 9 控制电路，如果电阻不为无穷大，则修理电路中对搭铁短路故障；如果电阻为无穷大，则测试或更换相应 M77 车外后视镜电动机；如果测试灯点亮，测试或更换 S52 车外后视镜开关。

📝 巩固提升

一、选择题

1.汽车电动后视镜按其安装位置的不同，可分为内后视镜和（　　　）。

　　A.聚光镜　　　　　　B.散光镜　　　　　　C.外后视镜　　D.左右后视镜

2.汽车电动后视镜一般由后视镜片、电动机、后视镜片固定架、电动后视镜外壳、（　　　）及操纵开关组成。

　　A.控制电路　　　　　B.集成电路　　　　　C.执行部分　　D.操纵机构

3.汽车电动后视镜是通过改变可逆电动机的（　　　），来完成后视镜位置的调整。

　　A.电压方向　　　　　B.电流方向　　　　　C.电压大小　　D.电流大小

4.每个电动后视镜的后面都有（　　　）个电动机驱动。

　　A.1　　　　　　　　B.2　　　　　　　　　C.3　　　　　　D.4

二、判断题

1.电动后视镜一般安装于车身两侧。　　　　　　　　　　　　　（　　　）

2.每个电动后视镜的背后装有驱动机构和两个可逆电动机，可操纵后视镜上下及左右转动。　　　　　　　　　　　　　　　　　　　　（　　　）

3.电动后视镜调整的按钮一般有"L""O""R"三个档位，其中L用于调节右侧电动后视镜，O是空档，R用于调节左侧电动后视镜。　　（　　　）

任务三 电动车窗故障的检修

情景导入

某别克汽车 4S 站接到一辆威朗轿车，车主李先生反映他在傍晚下班开车回家时发现车子的电动车窗无法下降。经维修技师检查后发现，该车电动车窗升降开关已损坏，需要更换电动车窗开关。

请你仔细查看服务顾问提供的汽车问诊表，并针对故障进行后续处理。

接车与填写接车问诊表

车牌号：黑 A×××××　车架号：LSGBC1234JG××××××　行驶里程：70000（km）
用户名：李××　电话：150××××××××　来店时间：2022.12.1
用户陈述及故障发生时的状况：电动车窗无法操作
接车员检测确认建议：检查电动车窗系统
车间检测确认结果及主要故障零部件：
车间检查确认者：

外观确认：

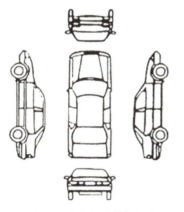

（请在有缺陷部位做标识）

功能确认：（工作正常√　不正常×）
☑音响系统　☑门锁（防盗器）　☑全车灯光
☑工具　☑后视镜　☑天窗　☑座椅
☑点烟器　☒玻璃升降器　☑玻璃

物品确认：（有√　无×）

贵重物品提示
☑工具　☑备胎
☑灭火器　☑其他（　　）
旧件是否交还用户
☑是　□否
用户是否需要洗车
☑是　□否

检测费说明：本次检测的故障如用户在本店维修，检测费包含在修理费用内；如用户不在本店维修，请您支付检测费。本次检测费：×××元。

贵重物品：在将车辆交给我店检查修理前，已提示将车内贵重物品自行收起并保存好，如有遗失恕不负责。

接车员：王××　用户确认：李××

一、电动车窗功用

电动车窗的作用是利用电动机驱动玻璃升降器，来实现车窗玻璃的上下移动，方便驾驶员和乘客。

二、电动车窗组成

电动车窗主要由车窗玻璃、车窗玻璃升降器、电动机和控制开关等组成，如图 6-3-1 所示。

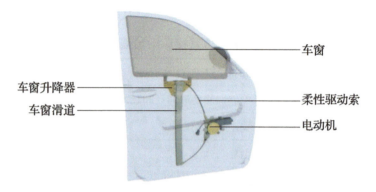

图 6-3-1　电动车窗组成

电动车窗的电动机是双向的，有永磁式和双绕组式两种。现在汽车的每一个车窗上都装有一个电动机，通过开关控制它的电流方向，使车窗玻璃上升或下降。电动车窗系统的操作开关如图 6-3-2 所示，其控制开关一般有两套：一套为总开关，安装在仪表板或驾驶员侧的车门上，由驾驶员控制每个车窗的升降；另一套为分开关，安装在其他车门扶手上或每个车门中部，可由乘客控制玻璃升降。

图 6-3-2　电动车窗的操作开关

三、电动车窗基本工作原理

电动车窗的基本工作原理是通过升降控制开关给电动机接通正向或反向电流，从而实现车窗的升降，其工作过程如图 6-3-3 所示。

电动车窗有手动控制和自动控制两种操作模式，手动控制是指按着相应的控制按钮，车窗可以上升或下降，若中途松开按钮，上升或下降的动作即停止；而自动控制是指按下自动按钮，松开手后车窗会一直上升至最高点或下降至最低点，若想在中途使其停止，则向相反方向扳动控制按钮，然后立即放松。

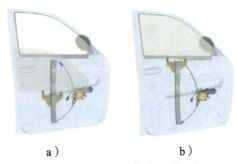

a)　　　　　　　　b)

图 6-3-3　电动车窗工作过程

a）下降　b）上升

图 6-3-4 所示为某四门轿车电动车窗的控制电路，该控制电路可以实现手动控制和自动控制。

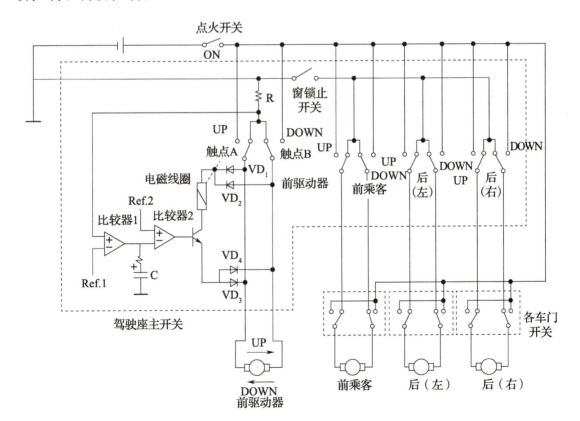

图 6-3-4　某四门轿车电动车窗控制电路及工作原理

1. 手动控制玻璃升降

以驾驶员侧的玻璃升降为例，向前按下手动旋钮后，触点 A 与开关的 UP 接点相连，触点 B 处于原来状态，电动机按 UP 箭头方向通过电流，车窗玻璃上升直至关闭；当把手离开旋钮时，利用开关自身的回复力，开关即回到中立位置；若把手动旋钮推向车辆后方，触点 A 保持原位不动，而触点 B 则与 DOWN（向下）侧相连，电动机按 DOWN 箭头所示的方向通过电流，电动机反转，以实现车窗玻璃向下移动，直至下降到底。

2. 自动控制玻璃升降

当把自动按钮向前方按下时，触点 A 与 UP 侧相连，电动机按 UP 箭头方向通过电流，车窗玻璃上升；与此同时，检测电阻 R 上的电压降低，此电压通过比较器 1 的端，它与参考电压 Ref.1 进行比较，Ref.1 的电压值设定为相当于电动机锁止时的电压，因而，通常情况下，比较器 1 的输出为负电位；比较器 2 的基准电压 Ref.2 设定为小于比较器 1 的输出为正电位，所以比较器 2 的输出电压为正电压，晶体管接通，电磁线圈通过较大的电流。其路径为：蓄电池 "+" →点火开关→ UP →触点 A →二极管 VD_1 →电磁线圈→晶体管→二极管 VD_4 →触点 B →电阻 R →搭铁（蓄电池 "−"）。此电流产生较大的电磁吸力，吸引驱动器开关的柱塞，于是把止板向上顶压，越过止板凸缘的滑销于原来位置被锁定，这时即使把手离开自动旋钮，开关仍会保持原来的状态。

当玻璃上升至终点位置时，在电动机上有锁止电流流过，检测电阻 R 上的电压降增大，当此电压超过参考电压 Ref.1 时，比较器 1 输出低电位，此时，电容 C 开始充电；当 C 两端电压上升至超过比较器 2 的参考电压 Ref.2 时，比较器 2 则输出低电位，二极管立即截止，电磁线圈中的电流被切断，止板被弹簧通过滑销压下，自动按钮自动回复到中立位置，触点 A 搭铁，电动机停转。

在自动上升过程中，若想中途停止，则向反方向扳控制按钮，然后立刻放松，这样触点 B 将短暂脱离搭铁，使电动机因电路被切断而自动停转；同时，通过电磁线圈的电流已被切断，止板弹簧通过滑销压下，自动按钮自动回复到中立位置，触点 A、B 均搭铁，电动机停转。

车窗玻璃自动下降的工作情况与上述情况相反，操作时只需将自动按钮压向车辆后方即可。

四、电动车窗的工作电路

别克威朗轿车驾驶员侧电动车窗系统主要由 X51A 熔丝盒 - 仪表板、S79D 车窗开关 - 驾驶员侧、K9 车身控制模块和 M74D 车窗电动机 - 驾驶员侧组成，如图 6-3-5 所示。

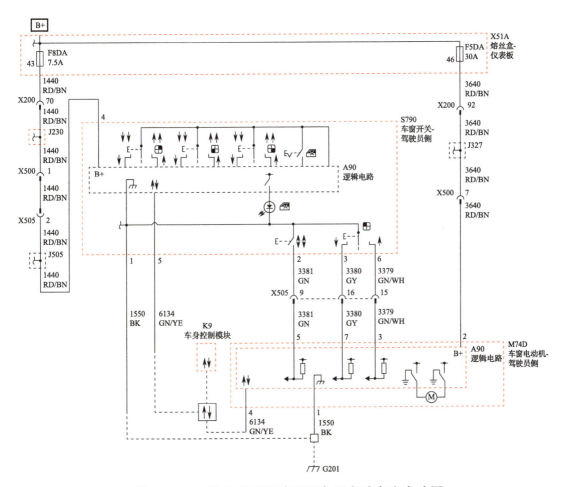

图 6-3-5　别克威朗驾驶员侧车门电动车窗电路图

1. 别克威朗轿车驾驶员侧电动车窗下降的工作电路

别克威朗轿车驾驶员侧电动车窗中，由 X51A 熔丝盒 - 仪表板中的 F8DA 7.5A 的熔丝给 S79D 驾驶员侧车窗开关的 4 号针脚供电，然后给 A90 逻辑电路供电，同时该逻辑电路通过 S79D 驾驶员侧车窗开关的 1 号针脚到 G201 搭铁。由 X51A 熔丝盒 - 仪表板中的 F5DA 30A 的熔丝给 M74D 驾驶员侧车窗电动机的 2 号针脚供电，通过 M74D 驾驶员侧车窗电动机的 1 号针脚到 G201 搭铁。当按下驾驶员侧车窗开关上的电动车窗控制开关时，S79D 驾驶员侧车窗开关的

3 号针脚给 M74D 驾驶员侧车窗电动机的 7 号针脚一个电源信号，M74D 驾驶员侧车窗电动机中的 A90 逻辑电路便控制电动机工作，降下车窗玻璃。

2. 别克威朗轿车驾驶员侧电动车窗自动下降的工作电路

当驾驶员操作驾驶员侧车窗开关控制车窗自动下降时，S79D 驾驶员侧车窗开关和 M74D 驾驶员侧车窗电动机的供电、搭铁都是一样的，在 S79D 驾驶员侧车窗开关的 3 号针脚给 M74D 驾驶员侧车窗电动机的 7 号针脚一个电源信号的同时，S79D 驾驶员侧车窗开关的 2 号针脚也给 M74D 驾驶员侧车窗电动机的 5 号针脚一个电源信号。这时驾驶员侧电动车窗便可以自动下降了。

当需要在驾驶员侧车窗开关控制另外三个车门的车窗时，S79D 驾驶员侧车窗开关中的 A90 逻辑电路通过 S79D 驾驶员侧车窗开关的 5 号针脚与 K9 车身控制模块相连，K9 车身控制模块与其他车窗控制开关或者车窗电动机通过网络通信，各车窗电动机中的 A90 逻辑电路识别到车窗下降或上升信号之后，便控制车窗电动机进行相应的动作。

五、电动车窗常见故障及原因分析

1）玻璃升降困难、速度缓慢。原因分析如下：

①玻璃胶条装配不到位。

②玻璃胶条表面涂层磨损。

③玻璃横切面尺寸不合。

④玻璃导轨前后间距偏小。

⑤导轨型面不匹配。

2）玻璃升降器升降时有异响。原因分析如下：

①齿轮与齿板啮合异响（"咕噜"声）。

②导向轮在玻璃托架滑槽中摩擦异响（"咯、咯"声）。

③滑块与支架挤压异响。

④玻璃与胶条摩擦异响（"吱、吱"声）。

⑤电动机工作不正常。

⑥导向轮脱落。

⑦升降器变形。

3）玻璃出槽时歪斜。原因分析如下：

①玻璃导轨前后间距过宽，玻璃出槽。

②玻璃导轨刚度不足。

③前端玻璃导轨宽度过小。

④断滑槽螺栓装配不当。

4）所有电动车窗均无法升降。原因分析如下：

①升降器电源、熔丝断电或搭铁不良。

②驾驶员侧电动机模块失效。

③升降器控制总开关失效。

5）驾驶员侧电动车窗无法升降。原因分析如下：

①升降器电源、熔丝断电或搭铁不良。

②驾驶员侧电动机损坏。

③驾驶员侧电动机模块失效。

④驾驶员侧升降开关失效。

6）个别车窗无法升降。原因分析如下：

①升降器电源、熔丝断电或搭铁不良。

②驾驶员侧升降开关或对应车门电动车窗开关失效。

③对应侧车窗电动机损坏。

④驾驶员侧电动机模块失效、K9 车身控制单元失效或 LIN 线路故障。

7）个别电动车窗只升不降或只降不升。原因分析如下：

①对应车门电动车窗开关失效。

②升降阻力过大。

③驾驶员侧电动机模块失效、K9 车身控制单元失效或 LIN 线路故障。

六、部件检测

M74D 驾驶员侧车窗电动机端子图如图 6-3-6 所示，在进行驾驶员侧车窗电动机检查时，先将点火开关置于"OFF（关闭）"位置并关闭所有车辆系统，断开 M74D 驾驶员侧车窗电动机处的线束插接器。可能需要 2min 才能让所有车辆系统断电。

测试搭铁电路端子 1 和搭铁之间的电阻是否小于 10Ω，如果等于或

视频 14　电动车窗检修

大于 10Ω，将点火开关置于"OFF（关闭）"位置，测试搭铁电路端对端电阻是否小于 2Ω，如果大于或等于 2Ω，则修理电路中的开路/电阻过大故障；如果小于 2Ω，则修理搭铁连接中的开路/电阻过大故障。

如果小于 10Ω，将点火开关置于"ON（打开）"位置，确认 B+ 电路端子 2 和搭铁之间的测试灯点亮，如果测试灯未点亮且电路熔丝完好，将点火开关置于"OFF（关闭）"位置，测试 B+ 电路端对端电阻是否小于 2Ω，如果大于或等于 2Ω，则修理电路中的开路/电阻过大故障；如果小于 2Ω，则确认熔丝未熔断且熔丝有电压，如果测试灯未点亮且电路熔丝熔断，将点火开关置于"OFF（关闭）"位置，测试 B+ 电路和搭铁之间的电阻是否为无穷大，如果电阻不为无穷大，则修理电路中对搭铁短路故障，如果电阻为无穷大，更换 M74D 车窗电动机–驾驶员侧，如果测试灯点亮，测试或更换 M74D 驾驶员侧车窗电动机。

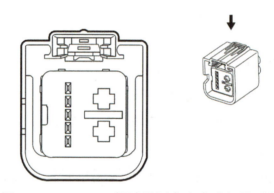

图 6-3-6　M74D 驾驶员侧车窗电动机端子图

✏ **课程育人**

　　从安全性角度出发，目前很多轿车上都装配了具有防夹功能的电动车窗。一些国家和地区已经制定了相应的法律法规，对车窗防夹系统的性能要求做出了明确规定，防夹电动车窗已成为强制性的汽车标准配置。随着世界范围内对汽车安全要求的不断加严，我国也颁布了国家标准 GB 11552—2009 等规范，对防夹功能的效果做了强制要求。至此，汽车防夹电动车窗的安装比例开始快速提升，保守估计，2010 年国内轿车中电动车窗防夹控制系统的配备比例约为 55%，从使用者安全角度出发，安装具有防夹功能的车窗控制模块是完全必要的。

　　⚠ **思考**　汽车电动车窗配备防夹功能有哪些好处？

🖊 巩固提升

一、选择题

1. 电动玻璃升降器主要是由（　　　）组成。

   A. 电动机和减速器　　　　　　　　　B. 电动机和玻璃托架

   C. 玻璃托架和减速器　　　　　　　　D. 减速器和控制开关

2. 安装车门饰板之前进行功能检查，玻璃升降过程（　　　），无抖动等异常现象。

   A. 平顺　　　　　　　　　　　　　　B. 固定

   C. 缓和　　　　　　　　　　　　　　D. 紧固

3. 汽车单个门玻璃升降有故障，下列说法正确的是（　　　）。

   A. 先检查熔断器

   B. 先检查继电器

   C. 先检查该车门的玻璃升降开关

   D. 先检查该车门的玻璃升降电动机

4. 对于电动车窗玻璃升降电动机来说，下列说法错误的是（　　　）。

   A. 每个车门必须设有一个分控制开关，但主控制开关可不设

   B. 在电路中必须设有断电器，当玻璃达到上下极限时，自动切断电路

   C. 玻璃升降电动机是可逆的，改变通电方向，就可以改变转动方向

   D. 车上可装一个延时开关，在点火开关断开约 10min 后，仍有电流供应

二、判断题

1. 电动车窗开关可分为安全开关和升降开关。　　　　　　　　　　（　　　）

2. 电动车窗一般装有两套开关，分别为总开关和分开关，这两个开关之间是相互独立的。　　　　　　　　　　　　　　　　　　　　　　　（　　　）

3. 操作电动车窗时，如果出现某个机械部位卡死，则会引起熔丝烧断或热敏开关断开，从而避免电动机烧坏。　　　　　　　　　　　　　　（　　　）

任务四　电动天窗故障的检修

📝 情景导入

　　某别克汽车4S站接到一辆威朗轿车，车主李先生反映，傍晚下班开车回家时他发现车子的电动天窗无法开启。经维修技师检查后发现，该车电动天窗控制开关已损坏，需要更换电动天窗开关。

　　请你仔细查看服务顾问提供的接车问诊表，并针对故障进行后续处理。

接车与填写接车问诊表

车牌号：黑A×××××　车架号：LSGBC1234JG××××× 行驶里程：70000（km）		
用户名：李×× 电话：150××××××× 来店时间：2022.9.1		
用户陈述及故障发生时的状况：电动天窗无法操作		
接车员检测确认建议：检查汽车电动天窗系统		
车间检测确认结果及主要故障零部件：		
车间检查确认者：		

外观确认：	功能确认：（工作正常 √　不正常 ×）
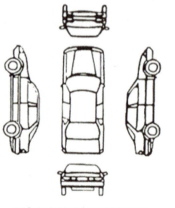 （请在有缺陷部位做标识）	☑音响系统　☑门锁（防盗器）　☑全车灯光 ☑工具　☑后视镜　☒天窗　☑座椅 ☑点烟器　☑玻璃升降器　☑玻璃
	物品确认：（有√　无 ×）
	 贵重物品提示 ☑工具　☑备胎 ☑灭火器　☑其他（　　） 旧件是否交还用户 ☑是　☐否 用户是否需要洗车 ☑是　☐否

　　检测费说明：本次检测的故障如用户在本店维修，检测费包含在修理费用内；如用户不在本店维修，请您支付检测费。本次检测费：×××元。

　　贵重物品：在将车辆交给我店检查修理前，已提示将车内贵重物品自行收起并保存好，如有遗失恕不负责。

　　接车员：王×× 用户确认：李××

一、电动天窗的功用

电动天窗安装于车顶，是利用电动机驱动，按下开关按钮天窗就会自动打开或关闭，能够有效地使车内空气流通，可增加视野和车内采光，除了上述基本应用功能以外，天窗还可以作为发生意外后的一个逃生路径选择。汽车天窗可大致分为外滑式、内藏式、全景式和窗帘式等。

二、电动天窗组成

汽车的电动天窗又被称为太阳车顶或电动车顶，它是汽车移动式车顶的一种，即在车厢的顶部设置可以打开或关闭部分车顶的结构，以改善车厢内的采光和通风、通气，如图 6-4-1 所示。

图 6-4-1　电动天窗

电动天窗主要由天窗控制开关、限位开关、天窗电动机、天窗控制模块等组成。

三、电动天窗工作原理

电动天窗的控制电路如图 6-4-2 所示。

1）天窗打开：接通点火开关且天窗开关按至"OPEN"位置时，信号从天窗开关送到天窗控制模块，此时天窗 2 号限位开关接通，继电器工作，电动机转动，打开天窗。

2）天窗关闭：接通点火开关，天窗打开且 1 号限位开关和 2 号限位开关均接通时，当天窗开关被按至"CLOSE"位置，信号从天窗开关送到天窗控制模块，继电器工作，电动机转动，关闭天窗。

3）向上倾斜：接通点火开关，天窗关闭时，当天窗开关按在向上倾斜位置，信号从天窗开关到天窗控制模块，继电器工作，电动机转动，天窗向上倾斜。

4）向下倾斜：接通点火开关，1号限位开关和2号限位开关均断开时，当天窗开关按在向下倾斜位置，信号从天窗控制开关输送给天窗模块，继电器工作，电动机转动，天窗下倾。

5）倾斜提示系统：天窗处于向上倾斜状态时，将点火开关从ON档转至ACC档或OFF档，则天窗控制模块接通蜂鸣器，蜂鸣器响起以提醒驾驶员天窗处于倾斜状态。

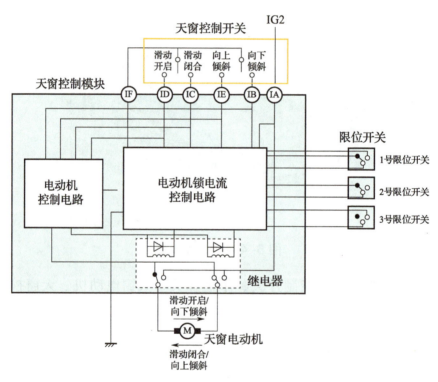

图6-4-2 电动天窗的控制电路

四、电动天窗电路的工作过程

别克威朗电动天窗系统主要由X51A熔丝盒－仪表板、K61天窗控制模块、S72天窗开关和S88天窗倾斜开关组成，如图6-4-3所示。从图上可以看出，S72天窗开关4号脚接往K61天窗控制模块的5号脚、S72天窗开关1号脚接往K61天窗控制模块的3号脚进行搭铁；S88天窗倾斜开关1号脚接往K61天窗控制模块的3号脚进行搭铁、S88天窗倾斜开关8号脚接往K61天窗控制模块的 6 号脚。天窗开关和天窗倾斜开关均是由串联不同阻值的电阻来区别不同的开关档位，而两个开关进入天窗控制模块后，均由一个上拉电阻来识别串联过来的不同档位的电阻值，天窗控制模块便可以识别不同的开关档位了。

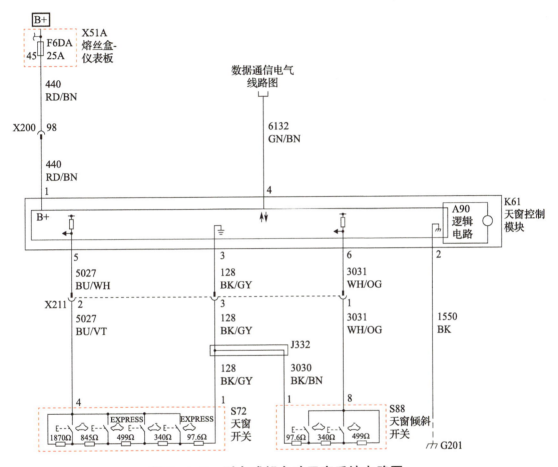

图 6-4-3　别克威朗电动天窗系统电路图

1. 开启天窗工作电路

当按下电动天窗开关，开启天窗时，电流从 X51A 熔丝盒 - 仪表板的 F6DA 25A 的熔丝流出，进入 K61 天窗控制模块的 1 号针脚，然后进入 A90 逻辑控制电路。同时，K61 天窗控制模块的 2 号针脚进入 G201 搭铁点搭铁。当 S72 天窗开关处于关闭位置时，开关中的 5 个电阻全部串联在一起，电路中的电阻值最大；当需要全部开启天窗时，天窗开关向右边拨到底，开关中仅串入一个 97.6Ω 的电阻，电路中串入的电阻值最小，此时 K61 天窗控制模块的 5 号脚→S72 天窗开关 4 号脚→S72 天窗开关 1 号脚→K61 天窗控制模块的 3 号脚电路中电阻最小，A90 逻辑电路识别到天窗全部开启的信号，便控制天窗电动机工作，全部开启天窗。

天窗开启不同程度时，分别串入的电阻值不同，但是工作电路和电流流向是一样的。

2. 天窗倾斜工作电路

天窗倾斜和天窗开启的工作电路差别不大，K61 天窗控制模块的供电和搭铁是一样的，且 A90 逻辑电路也是一样通过上拉电阻来识别 S88 天窗倾斜开关串入的电阻值来识别开关档位。当 S88 天窗倾斜开关闭合时，K61 天窗控制模块的 6 号脚→S88 天窗倾斜开关 4 号脚→S88 天窗倾斜开关 1 号脚→K61 天窗控制模块的 3 号脚电路中电阻最小，A90 逻辑电路识别到天窗倾斜的信号，便控制天窗电动机工作，天窗倾斜。

当天窗倾斜开关断开时，电路中电阻最大，A90 逻辑电路识别到天窗关闭信号，便控制天窗电动机工作，天窗关闭。

五、部件检测

1. S88 天窗倾斜开关检查

S88 天窗倾斜开关端子图如图 6-4-4 所示，在进行天窗倾斜开关检查时，先将点火开关置于"OFF（关闭）"位置，断开 S88 天窗倾斜开关处的线束插接器。

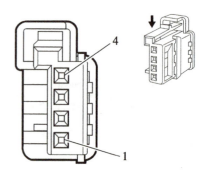

图 6-4-4　S88 天窗倾斜开关端子图

测试控制端子 4 和低电平参考电压端子 1 之间的电阻是否为 5.0~6.2kΩ。如果不在 5.0~6.2kΩ 之间，则需要更换 S88 天窗倾斜开关；如果在 5.0~6.2kΩ 之间，就进行下一步检查。

按下开启开关时，测试控制端子 4 和低电平参考电压端子 1 之间的电阻是否为 329~402Ω。如果不在 329~402Ω 之间，则更换 S88 天窗倾斜开关；如果在 329~402Ω 之间，就进行下一步检查。

按下关闭开关时，测试控制端子 4 和搭铁端子 1 之间的电阻是否为 872~1065Ω。如果不在 872~1065Ω 之间，则更换 S88 天窗倾斜开关；如果在 872~1065Ω 之间，则说明开关正常。

2. S72 天窗开关检查

S72 天窗倾斜开关端子图如图 6-4-5 所示，在进行天窗倾斜开关检查时，先将点火开关置于"OFF（关闭）"位置，断开 S72 天窗开关处的线束插接器。然后测试控制端子 4 和低电平参考电压端子 1 之间的电阻是否为 3.3~4.0kΩ。如果不在 3.3~4.0kΩ 之间，则更换 S72 天窗开关。如果在 3.3~4.0kΩ 之间，就进行下一步检查。

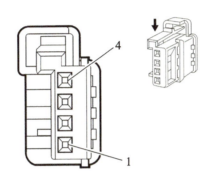

图 6-4-5　S72 天窗开关端子图

按下打开开关时，测试控制端子 4 和低电平参考电压端子 1 之间电阻是否为 390~480Ω。如果不在 390~480Ω 之间，则更换 S72 天窗开关；如果在 390~480Ω 之间，就进行下一步检查。

按下快速打开开关时，测试控制端子 4 和低电平参考电压端子 1 之间的电阻是否为 88~107Ω。如果不在 88~107Ω 之间，则更换 S72 天窗开关；如果在 88~107Ω 之间，就进行下一步检查。

按下关闭开关时，测试控制端子 4 和低电平参考电压端子 1 之间的电阻是否为 1.6~2.0kΩ。如果不在 1.6~2.0kΩ 之间，则更换 S72 天窗开关；如果在 1.6~2.0kΩ 之间，进行下一步检查。

按下快速关闭开关时，测试控制端子 4 和低电平参考电压端子 1 之间的电阻是否为 840~1030Ω。如果不在 840~1030Ω 之间，则更换 S72 天窗开关；如果在 840~1030Ω 之间，则说明开关正常。

✎ 课程育人

新型天窗是太阳能电池板集成传统全景天窗的组合，在阳光下，太阳能可以转化为电能，为汽车充电，对于混合动力汽车和纯电动汽车来说，这项技术的应用可以进一步提高汽车的续驶能力。目前，该配置已经装备了广汽传祺 Aion S 等量产车型，现代索纳塔混合动力车型也将装备。

⚠️ **思考**　国内汽车企业为什么现在大量采用全景天窗？

🖊️ **巩固提升**

一、选择题

1. 下面不属于电动天窗系统的组成部分的是（　　）。
　A. 开关　　　　　　　　　　B. 电动机
　C. 车身　　　　　　　　　　D. 天窗模块

2. 自动控制的电动天窗如果按住自动按钮，天窗可以开启；若快速松开按钮，天窗会（　　）。
　A. 即刻停止运动　　　　　　B. 一直开启至最大
　C. 一直关闭至最小　　　　　D. 以上都不对

3. 电动天窗的电动机一般为（　　）。
　A. 交流电动机　　　　　　　B. 单向直流电动机
　C. 永磁双向直流电动机　　　D. 双向交流电动机

二、判断题

1. 电动天窗的防夹功能不需要初始化学习。　　　　　　　　　　（　　）

2. 电动天窗可以在紧急情况下用来逃生。　　　　　　　　　　　（　　）

3. 操作电动天窗时，如果出现某个机械部位卡死，则会引起熔丝烧断或热敏开关断开，从而避免电动机烧坏。　　　　　　　　　　　　　（　　）

任务五 电动座椅故障的检修

情景导入

　　某别克汽车 4S 站接到一辆威朗轿车，车主李先生反映，傍晚下班开车回家时他发现车子驾驶员位置的电动座椅无法调节。经维修技师检查后发现，该车电动座椅控制开关已损坏，需要更换电动座椅开关。

　　请你仔细查看服务顾问提供的接车问诊表，并针对故障进行后续处理。

接车与填写接车问诊表

车牌号：黑A×××××　车架号：LSGBC1234JG××××××　行驶里程：80000（km）
用户名：李××　电话：150××××××××　来店时间：2022.12.1
用户陈述及故障发生时的状况：电动座椅无法操作
接车员检测确认建议：检查汽车电动座椅系统
车间检测确认结果及主要故障零部件：
车间检查确认者：

外观确认：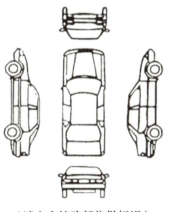 （请在有缺陷部位做标识）	功能确认：（工作正常 √　不正常 ×） ☑音响系统　☑门锁（防盗器）　☑全车灯光 ☑工具　☑后视镜　☑天窗　☒座椅 ☑点烟器　☑玻璃升降器　☑玻璃
	物品确认：（有 √　无 ×）
	　贵重物品提示 ☑工具　☑备胎 ☑灭火器　☑其他（　　） 旧件是否交还用户 ☑是　□否 用户是否需要洗车 ☑是　□否

检测费说明：本次检测的故障如用户在本店维修，检测费包含在修理费用内；如用户不在本店维修，请您支付检测费。本次检测费：×××元。 　贵重物品：在将车辆交给我店检查修理前，已提示将车内贵重物品自行收起并保存好，如有遗失恕不负责。 　接车员：王××　用户确认：李××

一、电动座椅的功用与组成

汽车座椅的主要功能是为驾驶员提供便于操作、舒适而又安全的驾驶位置；为乘客提供不易疲劳、舒适而又安全的乘坐位置。座椅调节的目的就是使驾驶员和乘客乘坐舒适，通过调节可以改变坐姿，减少长时间乘车的疲劳。

电动座椅是指以电动机为动力，通过传动装置和执行机构来调节座椅的各种位置，使驾驶员或乘客乘坐舒适的座椅。电动座椅由座椅调节开关、电子控制器（ECU）、电动机以及传动装置等组成，如图 6-5-1 所示。

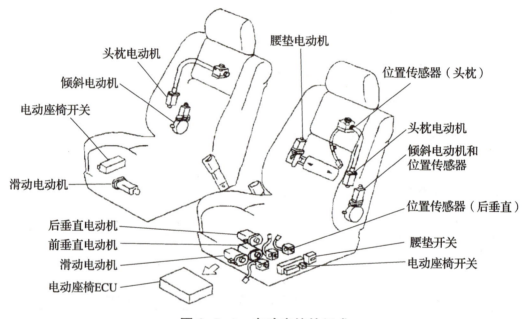

图 6-5-1　电动座椅的组成

二、电动座椅的工作原理和电路控制

1. 按下座椅靠背前倾键时

驾驶员座椅调节开关 C3 的 1-3 端接通、2-4 端接通，如图 6-5-2 所示。

电流经蓄电池正极→30A 熔丝（P/SEAT）→插接器 L46→驾驶员座椅调节开关 C3（端子 1）→驾驶员座椅调节开关 C3（端子 3）→左前座椅靠背前后调节电动机 D1→驾驶员座椅调节开关 C3（端子 2）→驾驶员座椅调节开关 C3（端子 4）→插接器 L46（端子 4）→搭铁 L2，至蓄电池负极，形成回路。此时电动机正向转动，使座椅靠背向前倾斜，如图 6-5-3 所示。

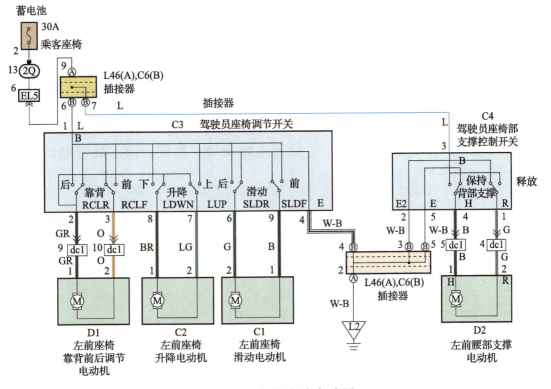

图 6-5-2　电动座椅电路图

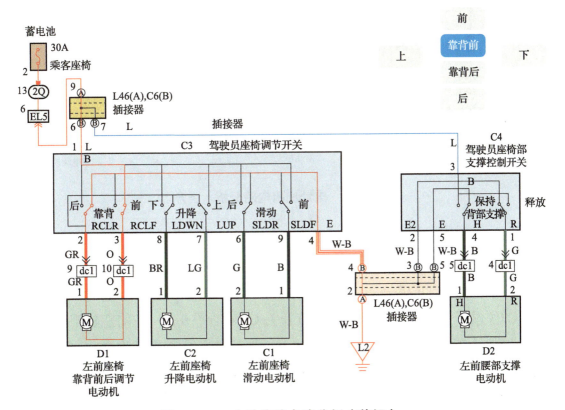

图 6-5-3　电动座椅电路分析（前倾）

2. 按下座椅上升键时

驾驶员座椅调节开关 C3 的 1-7 端接通、8-4 端接通。

电流经蓄电池正极→30A 熔丝（P/SEAT）→插接器 L46 →驾驶员座椅调节开关 C3（端子 1）→驾驶员座椅调节开关 C3（端子 7）→左前座椅升降电动机 C2 →驾驶员座椅调节开关 C3（端子 8）→驾驶员座椅调节开关 C3（端子 4）→插接器 L46（端子 4）→搭铁 L2，至蓄电池负极，形成回路。此时电动机正向转动，使座椅上升，如图 6-5-4 所示。

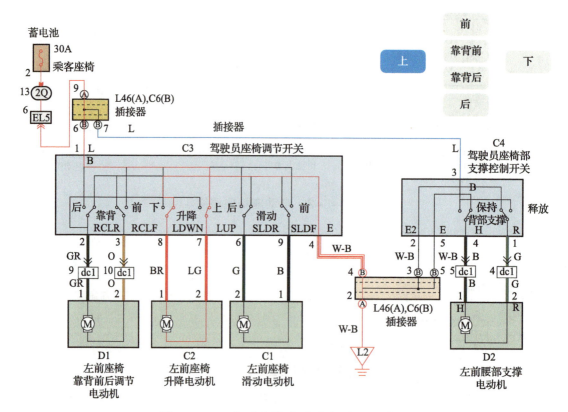

图 6-5-4　电动座椅电路分析（上升）

3. 按下座椅向前滑动键时

驾驶员座椅调节开关 C3 的 1-9 端接通、6-4 端接通。

电流经蓄电池正极→30A 熔丝（P/SEAT）→插接器 L46 →驾驶员座椅调节开关 C3（端子 1）→驾驶员座椅调节开关 C3（端子 9）→左前座椅滑动电动机 C1 →驾驶员座椅调节开关 C3（端子 6）→驾驶员座椅调节开关 C3（端子 4）→插接器 L46（端子 4）→搭铁 L2，至蓄电池负极，形成回路。此时电动机顺向转动，使座椅向前滑动，如图 6-5-5 所示。

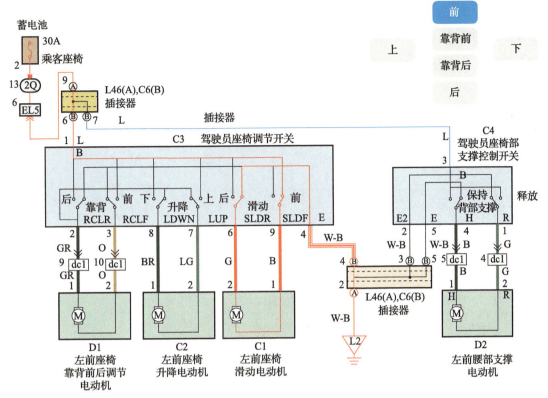

图 6-5-5　电动座椅电路分析（向前）

三、电动座椅电路的工作过程

别克威朗驾驶员电动座椅调节系统主要由 X51A 熔丝盒 – 仪表板、S64D 驾驶员座椅调节器开关、M51D 驾驶员座椅水平调节电动机、M55D 驾驶员座椅后部垂直调节电动机和 M56D 驾驶员座椅倾角调节电动机组成，如图 6-5-6 所示。

1. 驾驶员座椅水平调节工作电路

在别克威朗驾驶员座椅工作电路中，由 X51A 仪表板熔丝盒通过 F9DA 25A 的熔丝给 S64D 驾驶员座椅调节器开关的 E 端子供电，然后经 S64D 驾驶员座椅调节器开关的 B 端子到 G305 搭铁点搭铁。当驾驶员调节座椅开关进行座椅水平向后调节时，电流从驾驶员座椅调节器开关的 E 端子流经 D 端子，进入 M51D 驾驶员座椅水平调节电动机的 3 号端子，然后从 M51D 驾驶员座椅水平调节电动机的 1 号端子进入 S64D 驾驶员座椅调节器开关的 C 端子，接着通过 S64D 驾驶员座椅调节器开关的 B 端子进入 G305 搭铁点搭铁。

而如果需要座椅水平向前调节时，电流从驾驶员座椅调节器开关的 E 端

子流经 C 端子，进入 M51D 驾驶员座椅水平调节电动机的 1 号端子，然后从
M51D 驾驶员座椅水平调节电动机的 3 号端子进入 S64D 驾驶员座椅调节器开关
的 D 端子，接着通过 S64D 驾驶员座椅调节器开关的 B 端子进入 G305 搭铁点
搭铁。

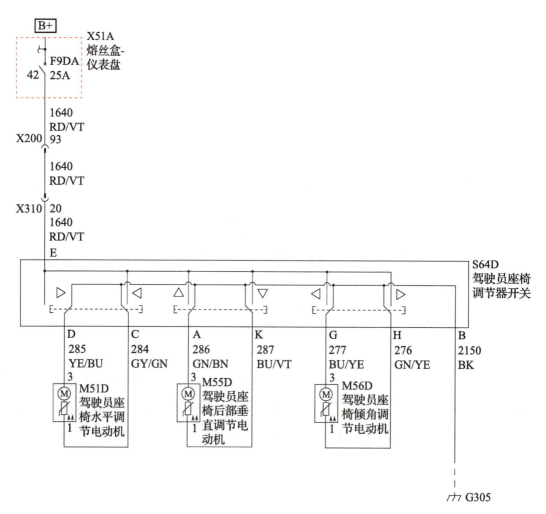

图 6-5-6　别克威朗驾驶员电动座椅电路图

2. 驾驶员座椅后部垂直调节工作电路

当驾驶员调节座椅开关进行座椅后部垂直向上调节时，电流从驾驶员座椅
调节器开关的 E 端子流经 A 端子，进入 M55D 驾驶员座椅后部垂直调节电动
机的 3 号端子，然后从 M55D 驾驶员座椅后部垂直调节电动机的 1 号端子进入
S64D 驾驶员座椅调节器开关的 K 端子，接着通过 S64D 驾驶员座椅调节器开关
的 B 端子进入 G305 搭铁点搭铁。

而如果需要调节座椅开关进行座椅后部垂直向下调节时，电流从驾驶员座

椅调节器开关的 E 端子流经 K 端子，进入 M55D 驾驶员座椅后部垂直调节电动机的 1 号端子，然后从 M55D 驾驶员座椅后部垂直调节电动机的 3 号端子进入 S64D 驾驶员座椅调节器开关的 A 端子，接着通过 S64D 驾驶员座椅调节器开关的 B 端子进入 G305 搭铁点搭铁。

3. 驾驶员座椅倾角调节工作电路

当驾驶员调节座椅开关进行座椅倾角向前调节时，电流从驾驶员座椅调节器开关的 E 端子流经 G 端子，进入 M56D 驾驶员座椅倾角调节电动机的 3 号端子，然后从 M56D 驾驶员座椅倾角调节电动机的 1 号端子进入 S64D 驾驶员座椅调节器开关的 H 端子，接着通过 S64D 驾驶员座椅调节器开关的 B 端子进入 G305 搭铁点搭铁。

而如果需要调节座椅开关进行座椅倾角向后调节时，电流从驾驶员座椅调节器开关的 E 端子流经 H 端子，进入 M56D 驾驶员座椅倾角调节电动机的 1 号端子，然后从 M56D 驾驶员座椅倾角调节电动机的 3 号端子进入 S64D 驾驶员座椅调节器开关的 G 端子，接着通过 S64D 驾驶员座椅调节器开关的 B 端子进入 G305 搭铁点搭铁。

四、电动座椅常见故障分析

电动座椅常见故障有座椅电动调节功能失效、座椅加热功能失效、座椅位置记忆功能失效等，故障现象及故障原因分析见表 6-5-1。

表 6-5-1　汽车电动座椅系统常见故障及原因分析

故障现象	故障原因
座椅电动调节功能失效	①系统熔丝故障 ②座椅调节开关故障 ③座椅调节电动机故障 ④线束故障
座椅加热功能失效	①系统熔丝故障 ②加热器继电器故障 ③座椅加热开关故障 ④座椅加热器故障 ⑤线束故障
座椅位置记忆功能失效	①系统熔丝故障 ②座椅位置储存开关故障 ③座椅位置传感器故障 ④电动座椅 ECU 故障 ⑤线束故障

五、部件检测

视频15 检测
电动座椅

　　进行驾驶员座椅调节器开关检查时，先将点火开关置于"OFF（关闭）"位置，断开S64D驾驶员座椅调节器开关的线束插接器。开关处于断开位置时，测试B+端子和各控制端子之间的电阻是否为无穷大。如果电阻不为无穷大，则更换S64D驾驶员座椅调节器开关；如果电阻为无穷大，相应开关处于闭合位置时，测试B+端子和各控制端子之间的电阻是否小于2Ω。如果等于或大于2Ω，则更换S64D驾驶员座椅调节器开关；如果小于2Ω，开关处于断开位置时，测试搭铁端子和各控制端子之间的电阻是否小于2Ω；如果等于或大于2Ω更换S64D驾驶员座椅调节器开关；如果小于2Ω，一切正常。

✏️ 巩固提升

一、选择题

1. 下列不是电动座椅组成部分的是（　　　）。
   A. 传动装置　　　　B. 电动机　　　　　C. 车身ECU
2. 下列不是电动座椅能实现的功能的是（　　　）。
   A. 前后调节　　　B. 左右调节　　　C. 上下调节
3. 关于电动座椅电动机的描述，下列错误的是（　　　）。
   A. 电动机一般为永磁式双向电动机
   B. 电动机通过改变流进的电流方向来改变转动方向
   C. 电动机不存在过载现象，因此不需要在线路上加熔丝
4. 如果电动座椅所有方向的调节都不能实现，则原因不可能是（　　　）。
   A. 熔丝熔断
   B. 前后调节电动机损坏
   C. 插接器损坏

二、判断题

1. 电动座椅，不论是几向，都是靠一个电动机来驱动。　　　　（　　　）
2. 电动座椅采用的是三电动机式驱动。　　　　　　　　　（　　　）
3. 如果插接器损坏，则电动座椅所有方向的调节均无效。　　（　　　）

任务六 电动中央门锁故障的检修

✏️ 情景导入

　　某别克汽车 4S 站接到一辆威朗轿车，车主李先生反映，傍晚下班开车回家后发现车子的遥控器没办法给车辆解锁。经维修技师检查后发现，车辆的电动中控门锁系统出现了故障，需要进一步检修。

　　请你仔细查看服务顾问提供的接车问诊表，并针对故障进行后续处理。

接车与填写接车问诊表

车牌号：黑A×××××　　车架号：LSGBC1234JG××××××　　行驶里程：75000（km）
用户名：李××　电话：150××××××××　来店时间：2022.9.10
用户陈述及故障发生时的状况：电动中控门锁无法操作
接车员检测确认建议：检查汽车电动中控门锁系统
车间检测确认结果及主要故障零部件：
车间检查确认者：

外观确认：

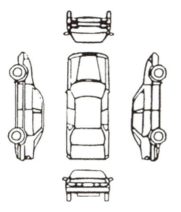

（请在有缺陷部位做标识）

功能确认：（工作正常√　不正常×）
☑音响系统　☒门锁（防盗器）　☑全车灯光
☑工具　☑后视镜　☑天窗　☑座椅
☑点烟器　☑玻璃升降器　☑玻璃

物品确认：（有√　无×）

贵重物品提示
☑工具　☑备胎
☑灭火器　☑其他（　　　）
旧件是否交还用户
☑是　□否
用户是否需要洗车
☑是　□否

　　检测费说明：本次检测的故障如用户在本店维修，检测费包含在修理费用内；如用户不在本店维修，请您支付检测费。本次检测费：×××元。

　　贵重物品：在将车辆交给我店检查修理前，已提示将车内贵重物品自行收起并保存好，如有遗失恕不负责。

　　接车员：王××　用户确认：李××

一、中控门锁的功用

汽车的中央控制门锁简称为中控门锁，为提高汽车使用的便利性和行车的安全性，为了方便驾驶员和乘客开关车门，现在大部分轿车中都安装了中央控制门锁系统。安装了中控门锁后，驾驶员可以在锁住或打开自己车门的同时锁住或打开其他车门，而除了中控门锁控制外，乘客还可以利用各车门的机械式弹簧锁来开关车门。

二、中控门锁的组成

中控门锁系统一般包括门锁控制开关、钥匙操纵开关、门锁总成、门锁控制器等，如图 6-6-1 所示。

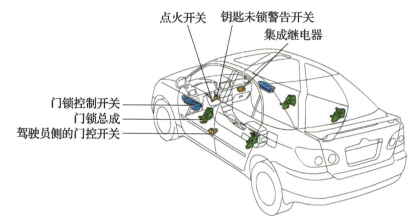

图 6-6-1　中控门锁组成

三、别克威朗电动中央门锁控制电路

别克威朗电动中央门锁系统主要由 K9 车身控制模块、S13D 车门锁止开关 - 驾驶员侧、A23D 驾驶员车门锁闩总成、A23P 乘客车门锁闩总成、A23LR 左后车门锁闩总成、A23RR 右后车门锁闩总成和 X51A 仪表板熔丝盒中 F11DA 熔丝组成，如图 6-6-2 和图 6-6-3 所示。

从电路图中可以看出，S13D 驾驶员侧车门锁止开关 4 号脚到 G201 搭铁点搭铁、S13D 驾驶员侧车门锁止开关 3 号脚与 K9 车身控制模块的 X6 插接器的 6 号脚相连、S13D 驾驶员侧车门锁止开关 2 号脚与 K9 车身控制模块的 X6 插接器的 13 号脚相连，A23D 驾驶员车门锁闩总成、A23P 乘客车门锁闩总成、A23LR 左后车门锁闩总成和 A23RR 右后车门锁闩总成是并联，它们的电路工

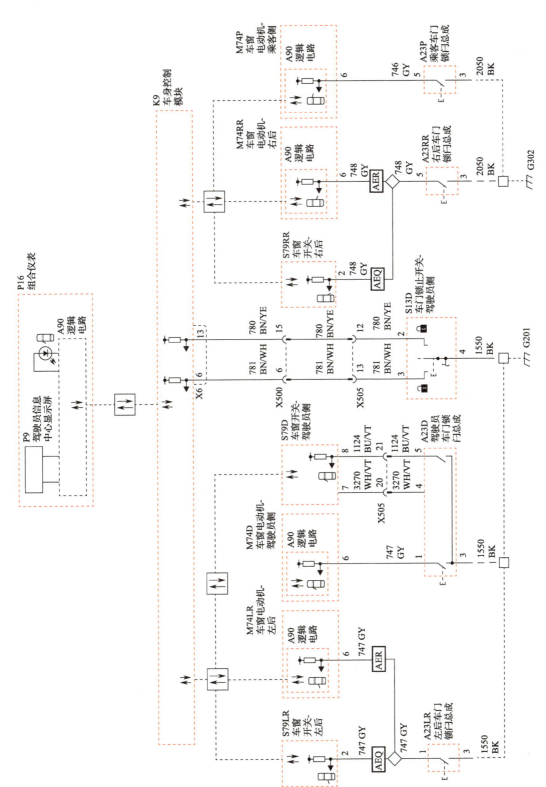

图 6-6-2 别克威朗电动中央门锁控制系统电路图图 1

作原理是一样的。

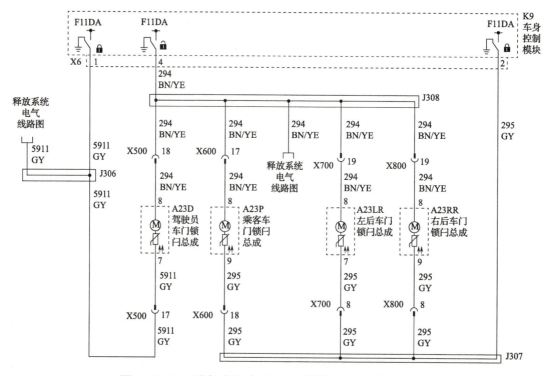

图 6-6-3 别克威朗电动中央门锁控制系统电路图 2

1. 锁闭车门的工作电路

当驾驶员操作驾驶员侧车门锁止开关锁闭车门时，S13D 驾驶员侧车门锁止开关 2 号脚与 4 号脚导通，K9 车身控制模块的 X6 插接器的 13 号脚通过 S13D 驾驶员侧车门锁止开关 2 号脚、4 号脚，到 G201 搭铁点搭铁，输送给 K9 车身控制模块的 X6 插接器的 13 号脚一个搭铁信号。

当 K9 车身控制模块的 X6 插接器的 13 号脚识别到搭铁信号时，K9 控制模块 X6 插接器的 1 号脚通过 F11DA 30A 的熔丝输送给 A23D 驾驶员车门锁闩总成 7 号脚一个电源信号，经 A23D 驾驶员车门锁闩总成 8 号脚到 K9 车身控制模块的 X6 插接器的 4 号脚，进入 K9 内部搭铁。此时驾驶员侧车门锁闩电动机工作、车门锁闭。而其他三个车门锁闩电动机与驾驶员侧锁闩电动机并联，工作方式是一样的，驾驶员侧车门锁闭时，其他三个车门一起锁闭。

2. 解锁车门的工作电路

当驾驶员操作驾驶员侧车门锁止开关解锁车门时，S13D 驾驶员侧车门锁止开关 3 号脚与 4 号脚导通，K9 车身控制模块的 X6 插接器的 6 号脚通过 S13D

驾驶员侧车门锁止开关 3 号脚、4 号脚，到 G201 搭铁点搭铁，输送给 K9 车身控制模块的 X6 插接器的 6 号脚一个搭铁信号。

当 K9 车身控制模块的 X6 插接器的 6 号脚识别到搭铁信号时，K9 控制模块 X6 插接器的 4 号脚通过 F11DA 30A 的熔丝输送给 A23D 驾驶员车门锁闩总成 8 号脚一个电源信号，经 A23D 驾驶员车门锁闩总成 7 号脚到 K9 车身控制模块的 X6 插接器的 1 号脚，进入 K9 内部搭铁。此时驾驶员侧车门锁闩电动机工作、车门解锁。而其他三个车门锁闩电动机与驾驶员侧锁闩电动机并联，工作方式是一样的，驾驶员侧车门解锁时，其他三个车门一起解锁。

四、中央门锁、遥控门锁及防盗系统常见故障及原因分析

汽车中央门锁、遥控门锁及防盗系统的常见故障现象及故障原因分析见表 6-6-1。

表 6-6-1　汽车中央门锁、遥控门锁及防盗系统常见故障及原因分析

故障现象	故障原因
所有车门不能上锁或解锁	①熔丝故障 ②中控门锁继电器故障 ③线束等涉及整个系统工作的部位故障
使用钥匙无法上锁或解锁	①门锁钥匙锁止和开锁开关故障 ②中控门锁继电器故障 ③线束、插接器等故障
使用门锁控制开关无法上锁或解锁	①门锁控制开关故障 ②中控门锁继电器故障 ③线束、插接器等故障
单个门锁不工作	①门锁电动机故障 ②门锁电动机相关线束、插接器等故障
遥控器失灵（或部分功能失灵）	①遥控器电池亏电 ②遥控钥匙没有匹配或损坏 ③遥控接收器或相关线路故障 ④车身控制模块故障 ⑤相关线路、插接器故障
防盗指示灯点亮，发动机无法起动	①点火钥匙没有匹配或损坏 ②发动机控制模块或相关线路损坏 ③发动机控制模块没有匹配 ④防盗控制模块没有匹配或损坏 ⑤防盗控制模块或相关线路损坏

五、部件检测

如图 6-6-4 所示，在进行 S64D 驾驶员座椅调节器开关检查时，先将点火开关置于"OFF（关闭）"位置，断开 S13D 驾驶员门锁开关的线束插接器。开关处于中间位置时，测试信号端子 2 和搭铁端子 4 之间的电阻是否为无穷大，如果电阻不为无穷大，则更换 S13D 驾驶员侧门锁开关；如果电阻为无穷大，继续在开关处于中间位置时，测试信号端子 3 和搭铁端

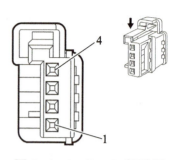

图 6-6-4　S64D 驾驶员座椅调节器开关

子 4 之间的电阻是否为无穷大，如果电阻不为无穷大，则更换 S13D 驾驶员门锁开关；如果电阻为无穷大，当开关置于"Lock（锁止）"位置时，测试信号端子 2 和搭铁端子 4 之间的电阻是否小于 2Ω，如果等于或大于 2Ω，则更换 S13D 门锁开关 – 驾驶员侧；如果小于 2Ω，在开关置于"Unlock（解锁）"位置时，测试信号端子 3 和搭铁端子 4 之间的电阻是否小于 2Ω，如果等于或大于 2Ω，则更换 S13D 驾驶员侧门锁开关，如果小于 2Ω，则说明 S13D 驾驶员侧门锁开关正常。

🖊 巩固提升

一、选择题

1. 车门锁块的啮合部分由锁体、（　　　）及垫片组成。

　 A. 提钮　　　　　B. 锁扣　　　　　C. 内开手柄　　　　D. 提钮拉杆

2. 门锁电动机是通过改变（　　　）转换其运动方向而执行开启和关闭的动作。

　 A. 电压　　　　　B. 电流　　　　　C. 极性　　　　　D. 电阻

3. 以宝来轿车为例，安装锁芯时，应（　　　）门把手。

　 A. 放下　　　　　B. 拉起　　　　　C. 随意　　　　　D. 以上都是

二、判断题

1. 中控门锁的控制方式，可分为中央控制和单独控制两种。　　　　　　（　　　）

2. 中控门锁装置使用的门锁执行器有电磁线圈、直流电动机、永磁电动机等几种形式。　　　　　　　　　　　　　　　　　　　　　　　　　　（　　　）

3. 车门锁块总成主要由门锁传动机构、门锁位置开关、钥匙操纵开关、外壳等组成。　　　　　　　　　　　　　　　　　　　　　　　　　　　（　　　）

任务七 空调系统常见故障的检修

✏️ **情景导入**

在一个炎热的夏季，某别克汽车 4S 站接到一辆威朗轿车，车主李先生反映，在打开空调制冷开关后，冷气口温度偏高，制冷效果不明显。经维修技师检查发现车辆的空调膨胀阀可能出现了故障，需要进一步进行检查。

请你仔细查看服务顾问提供的接车问诊表，并针对故障进行后续处理。

接车与填写接车问诊表

车牌号：黑 A×××××   车架号：LSGBC1234JG×××××   行驶里程：80000（km）
用户名：李×× 电话：150××××××× 来店时间：2023.7.1
用户陈述及故障发生时的状况：空调制冷不足
接车员检测确认建议：检查空调系统膨胀阀
车间检测确认结果及主要故障零部件：
车间检查确认者：

外观确认：

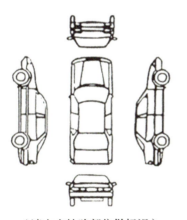

（请在有缺陷部位做标识）

功能确认：（工作正常 √   不正常 ×）
- ☑ 音响系统 ☑ 门锁（防盗器） ☑ 全车灯光
- ☑ 工具 ☑ 后视镜 ☑ 天窗 ☑ 座椅
- ☑ 点烟器 ☑ 玻璃升降器 ☑ 玻璃

物品确认：（有 √   无 ×）

贵重物品提示
- ☑ 工具 ☑ 备胎
- ☑ 灭火器 ☑ 其他（   ）

旧件是否交还用户
- ☑ 是 □ 否

用户是否需要洗车
- ☑ 是 □ 否

检测费说明：本次检测的故障如用户在本店维修，检测费包含在修理费用内；如用户不在本店维修，请您支付检测费。本次检测费：×××元。

贵重物品：在将车辆交给我店检查修理前，已提示将车内贵重物品自行收起并保存好，如有遗失恕不负责。

接车员：王×× 用户确认：李××

一、汽车空调系统功用

视频 16 汽车空调系统基本认知

汽车空调系统是实现对车厢内空气进行制冷、加热、换气和空气净化的装置。它可以为乘员提供舒适的乘车环境，降低驾驶员的疲劳强度，提高行车安全。图 6-7-1 所示为汽车空调系统出风示意图。

图 6-7-1　汽车空调系统出风示意图

1. 制冷

汽车空调制冷系统主要用于在炎热的天气下对车内空气或外部进入车厢内的新鲜空气进行降温与除湿，使车厢内凉爽，如图 6-7-2 所示。

2. 采暖

汽车空调的采暖系统对车内的空气加热，达到取暖的目的，如图 6-7-3 所示。

图 6-7-2　空调制冷系统

图 6-7-3　空调采暖系统

水暖式采暖系统的主要组成部件有发动机、回水管、鼓风机、热水阀、加热器芯和出水管，如图 6-7-4 所示。目前绝大部分汽车都采用水暖式采暖系统。

发动机　回水管　　　加热器芯

出水管　热水阀　鼓风机

图 6-7-4　水暖式采暖系统组成

3. 通风

空调通风系统将车外的新鲜空气送入车内，同时将车内的污浊空气排到车外；通风系统还能够排出车内空气中的湿气，使干燥空气吸收人体汗液，营造更舒适的环境，如图 6-7-5 所示。

汽车空调通风系统主要由过滤器、鼓风机、散热器、蒸发器、风门、进风道以及出风道等几部分组成，如图 6-7-6 所示。

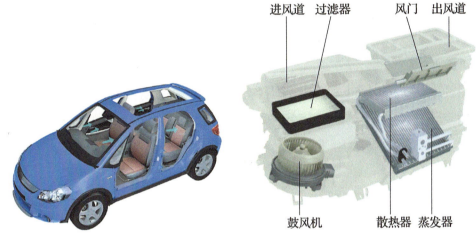

| 图 6-7-5　空调通风系统 | 图 6-7-6　空调通风系统组成 |

通风系统原理一般由三个阶段构成：空气进入阶段、空气混合阶段、空气分配阶段（表 6-7-1）。

表 6-7-1　通风系统原理三阶段

阶段	工作状态	工作过程
第一阶段	空气进入阶段	主要由气源门和气源门控制元件组成，用来控制新鲜空气和车内再循环空气的进入
第二阶段	空气混合阶段	主要由蒸发器、加热芯、调温门及控制元件组成，用来调节所需空气的温度
第三阶段	空气分配阶段	空气分配阶段主要用于控制空调吹出风的位置和方向，主要由各种风门、风道及控制元件组成，分别使空气吹向面部、脚部和风窗玻璃上

4. 净化

空调净化系统过滤花粉、灰尘等细微颗粒，吸附异味，使车内空气更清新，如图 6-7-7 所示。净化装置工作原理如图 6-7-8 所示。

空气流经过滤器时，滤芯过滤空气中的灰尘等颗粒杂质，活性炭吸附空气中的异味，从而输出洁净的空气

图6-7-7　空调净化系统　　　　图6-7-8　净化装置工作原理

二、汽车空调系统的类型

按照控制方式的不同，汽车空调系统可以分为手动控制和自动控制。

手动空调需要驾驶员通过旋钮或拨杆对控制对象进行调节，如改变温度等。自动控制只需驾驶员输入目标温度，空调系统便可按照驾驶员的设定自动进行调节。

视频17　认识汽车空调制冷系统

三、空调制冷系统组成

汽车空调制冷系统是由压缩机、冷凝器、储液干燥器、膨胀阀、蒸发器及高低压管路等组成，如图6-7-9所示。

1. 压缩机

压缩机是整个制冷循环系统中的动力装置，如图6-7-10所示。其作用是将从蒸发器出来的低温、低压的气态制冷剂通过压缩转变为高温、高压的气态制冷剂，并将其送入冷凝器。

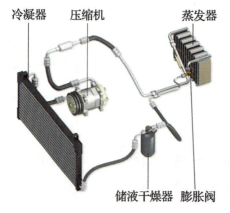

冷凝器　　压缩机　　　　蒸发器

储液干燥器　膨胀阀

图6-7-9　汽车空调制冷系统组成

图6-7-10　空调压缩机

2. 冷凝器

冷凝器是一种散热器，与一般散热器相似，但承受压力比一般散热器高，一般安装在发动机散热器前面。其作用是在发动机的冷却风扇和汽车行驶时产生的自然风的作用下，将送进冷凝器的高温、高压气态制冷剂进行强制冷却，成为高温、高压液态制冷剂。

汽车空调系统中广泛采用强制通风式冷凝器，其类型主要有管片式、管带式，如图 6-7-11、图 6-7-12 所示。

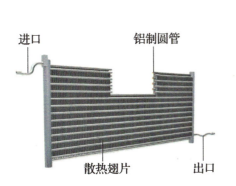

图 6-7-11　管片式冷凝器

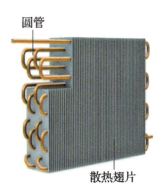

图 6-7-12　管带式冷凝器

从蒸发器出来的低温、低压的气态制冷剂，通过压缩机转化为高温、高压的气态制冷剂，并输送到冷凝器中。冷凝器通过降温将高温、高压的气态制冷剂转化为高温、高压的液态制冷剂，通过节流阀节流后，成为压力较低的液态制冷剂，并输送到蒸发器中，通过蒸发器吸热蒸发将低温、低压的液态制冷剂转化为低温、低压的气态制冷剂，从而完成制冷循环，如图 6-7-13 所示。

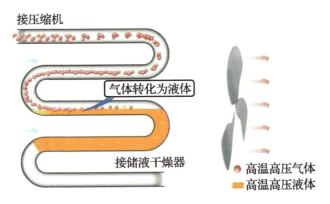

图 6-7-13　冷凝器工作原理图

3. 储液干燥器

储液干燥器安装在冷凝器和膨胀阀之间，其作用是过滤杂质、吸收水分，防止堵塞管路，另外临时储存从冷凝器流出的制冷剂液体，以便在制冷负荷发生变化时，调整供给膨胀阀的制冷剂数量，以保障制冷剂系统工作的稳定性。其结构如图 6-7-14 所示。

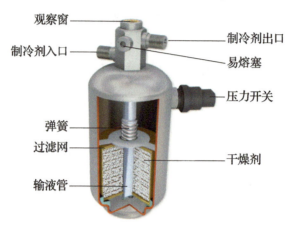

图 6-7-14　储液干燥器结构

高温、高压液态制冷剂进入储液干燥器中，经过滤网去除杂质，再经过干燥剂去除水分，通过输液管排出，如图 6-7-15 所示。

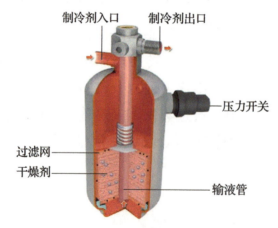

图 6-7-15　储液干燥器的工作原理

4. 膨胀阀

膨胀阀的作用是将储液干燥器出来的高温、高压的液态制冷剂从膨胀阀的小孔喷出，使其降压、体积膨胀，转化为雾状制冷剂，在蒸发器中吸热变为气态制冷剂，同时还可根据制冷负荷的大小调节制冷剂的流量，确保蒸发器出口处的制冷剂全部转化为气体。按照平衡方式不同，它分内平衡式膨胀阀、外平衡式膨胀阀、H 型膨胀阀三种结构型式。

内平衡式膨胀阀主要由球阀、推杆、膜片、毛细管、感温包、压力弹簧等组成，如图 6-7-16 所示。

5.蒸发器

蒸发器也是一个热交换器，如图 6-7-17 所示。膨胀阀喷出的雾状制冷剂在蒸发器中蒸发，吸收蒸发器的热量，使其降温，然后通过蒸发器与驾驶室内空气进行热交换，达到制冷的目的。

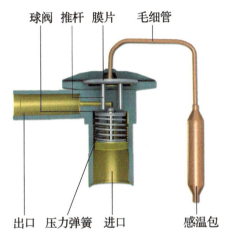

图 6-7-16　内平衡式膨胀阀结构

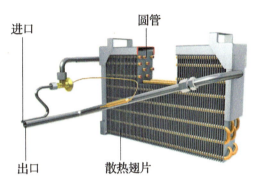

图 6-7-17　蒸发器的结构

6.鼓风机

鼓风机的作用是将车外空气吹入蒸发器/加热器芯后送入车内，通过调节电动机的转速，可以调节向车厢内的送风量，如图 6-7-18 所示。

图 6-7-18　鼓风机

四、制冷剂

制冷剂又称制冷工质，是一种在制冷系统中不断循环并通过其本身的状态变化实现制冷效果的工作物质。汽车空调制冷系统使用的制冷剂通常有 R12 和

R134a 两种，其中英文字母 R 是制冷剂（Refrigerant）的简称，如图 6-7-19 所示。

图 6-7-19　空调制冷剂类型

R12 是汽车空调中曾广泛使用的制冷剂，其主要特性如下：

1）无色、无刺激性气味；一般情况下不具有毒性、对人体没有直接危害；不燃烧、无爆炸危险；热稳定性好。

2）在一个标准大气压（91.325kPa）下 R12 的沸点为 -29.8℃，凝固温度为 -158℃。

3）R12 对一般金属没有腐蚀作用。

4）使用 R12 的制冷系统要求使用特制的橡胶密封件。

5）R12 有良好的绝缘性能。

6）R12 液态时对冷冻润滑油的溶解度无限制，可以任何比例溶解，但对水的溶解度很小。

7）R12 对臭氧层有很强的破坏作用，因此，在目前生产的汽车空调制冷系统中已经被 R134a 所替代，但还有一些在用汽车空调制冷系统的制冷剂仍为 R12。

五、别克威朗空调制冷系统电路

别克威朗空调鼓风机和空调压缩机电路主要由 X51A 仪表板熔丝盒、X50A 发动机舱盖下熔丝盒、A26 空调系统控制装置、K33 空调系统控制模块、K8 鼓风机电动机控制模块、M8 鼓风机电动机、G1 空调压缩机、K20 发动机控制模块、B1 空调制冷剂压力传感器和 KR29 空调压缩机离合器继电器组成，如图 6-7-20 和图 6-7-21 所示。

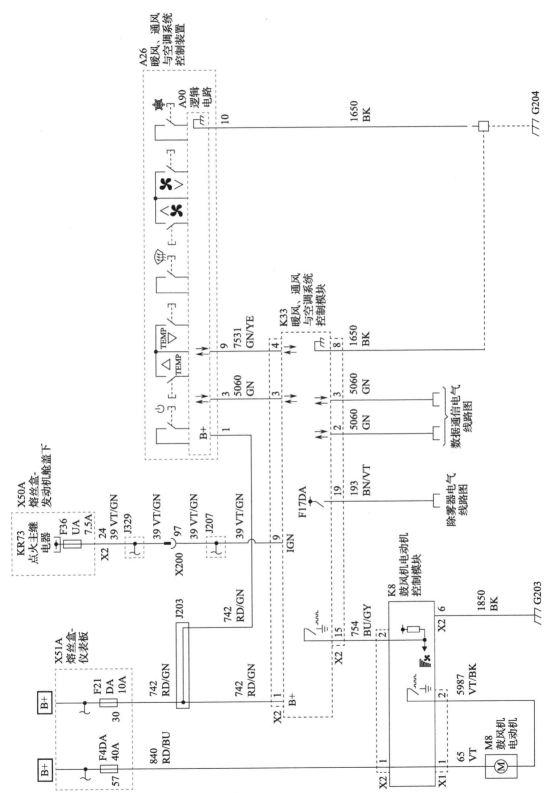

图 6-7-20 别克威朗空调鼓风机电路

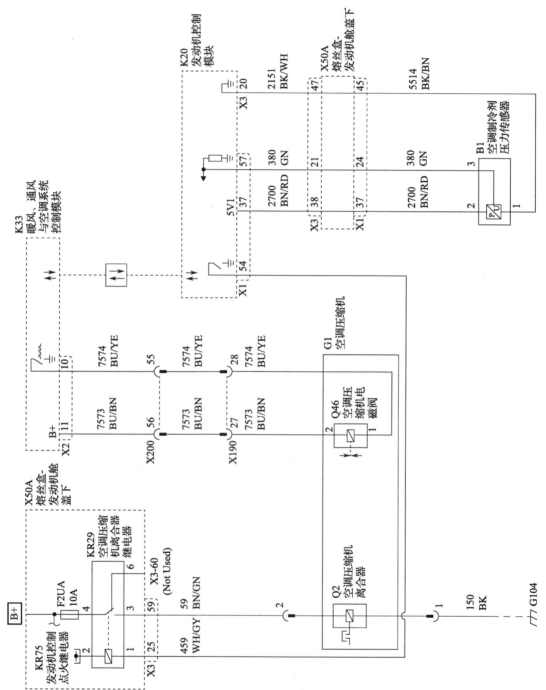

图 6-7-21　别克威朗空调压缩机电路

1. 空调鼓风机工作电路

从图 6-7-20 可以看出，A26 空调系统控制装置和 K33 空调系统控制模块均由 X51A 仪表板熔丝盒 F21DA 10A 的熔丝提供 B+ 的电源，K8 鼓风机电动机控制模块由 X51A 仪表板熔丝盒 F4DA 40A 的熔丝提供 B+ 的电源，同时 K33 空调系统控制模块还由 X50A 发动机舱盖下熔丝盒内的 KR73 点火主继电器通过 F36UA 7.5A 的熔丝提供一个 IG 电源。A26 空调系统控制装置和 K33 空调系统控制模块均到 G204 搭铁点搭铁，K8 鼓风机电动机控制模块到 G203 搭铁点搭铁；A26 空调系统控制装置和 K33 空调系统控制模块通过数据通信电路进行数据交换。

打开点火开关后，当车内乘客打开鼓风机开关时，A26 空调系统控制装置通过插接器的 3、9 两根导线分别与 K33 空调系统控制模块的 3、4 两个端子相连，并通过这两根导线传递鼓风机开启和风速信号。K8 鼓风机电动机控制模块识别到鼓风机开关信号后，便通过模块内部以占空比的方式控制 M8 鼓风机电动机的搭铁线，而 M8 鼓风机电动机的电源线与 F4DA 40A 的熔丝相连，提供了一个 B+ 电源。此时只需要 K8 鼓风机电动机控制模块给 M8 鼓风机电动机一个搭铁信号，鼓风机就可以工作了，而鼓风机的转速由 K8 鼓风机电动机控制模块通过占空比来进行控制。

2. 空调压缩机工作电路

G1 空调压缩机主要受到 KR29 空调压缩机离合器继电器和 K33 空调系统控制模块控制。KR29 空调压缩机离合器继电器控制 Q2 空调压缩机离合器是否工作，而 K33 空调系统控制模块控制 Q46 空调压缩机电磁阀，以改变压缩机的排量。

起动发动机以后，当车内乘客打开空调开关时，K33 空调系统控制模块与 K20 发动机控制模块进行信息交换，同时通过 K33 空调系统控制模块的 X2 插接器 10 号脚与 Q46 空调压缩机电磁阀 1 号脚连接，以占空比的方式控制电磁阀工作，从而改变压缩机的排量。

需要起动空调压缩机时，K20 发动机控制模块 X1 插接器的 54 号脚控制 KR29 空调压缩机离合器继电器 1 号脚搭铁，继电器闭合，F2UA 10A 的熔丝通过 X50A 发动机舱盖下熔丝盒 X3 插接器的 59 号脚给 Q2 空调压缩机离合器 2 号脚一个电源信号，Q2 空调压缩机离合器 1 号脚与 G104 常搭铁，Q2 空调压缩机离合器便工作。

当 B1 空调制冷剂压力传感器检查到空调制冷系统管路压力过大或者压力过小时，便通过 3 号针脚给 K20 发动机控制模块 X1 插接器 57 号脚一个信号，K20 发动机控制模块便切断 KR29 空调压缩机离合器继电器 1 号脚搭铁，Q2 空调压缩机离合器断电、离合器分离，压缩机就会停止工作。

六、汽车空调系统不制冷的故障原因分析

1. 鼓风机及其控制电路故障分析

鼓风机负责将蒸发器周围的冷空气吹进风道，冷空气沿风道进入车内，如果鼓风机不工作，则失去了风源，冷空气无法进入汽车内部，空调制冷就失去了作用。鼓风机可能出现的故障有电动机损坏、风扇损坏或卡滞、控制电路短路或断路、熔断器烧损等。

2. 压缩机和电磁离合器故障分析

空调压缩机是空调制冷系统的心脏，其作用是维持制冷剂在制冷系统中的循环流动，吸入来自蒸发器的低温低压气体制冷剂，压缩成高温高压状态并送往冷凝器。压缩机的运转是由电磁离合器控制的，离合器吸合，压缩机开始运转，离合器分离，压缩机停止工作。如果压缩机不工作，制冷剂将无法循环，空调系统也就无法制冷。造成压缩机不工作的故障可能有压缩机损坏、电磁离合器线圈或控制线路断路、传动带松旷或断裂等。

3. 制冷系统压力故障分析

制冷剂蒸发会吸收大量的热，为了重复利用，压缩机压缩已蒸发的制冷剂气体，使其重新还原成液体，进行下一次蒸发，这就要求空调制冷系统中保持一定的压力。如果压力过低，将不能使制冷剂保持为液体状态，就会过早地蒸发掉；压力过高则不利于蒸发。若制冷剂不足、空调系统的管路泄漏或堵塞、膨胀阀损坏、蒸发器损坏或堵塞、干燥器堵塞、冷凝器损坏或堵塞，都将对空调制冷系统压力造成影响，使空调系统制冷效果不良或不制冷。

4. 冷凝器故障分析

冷凝器的主要作用是散热。压缩机传递出的高温高压气体，在冷凝器中经

过散热，转化成为高温高压的液体流向蒸发器，然后在蒸发器中蒸发吸收环境中的热量。如果冷凝器堵塞或者散热不良，则转化出的高温高压液体的量会减少，到蒸发器中蒸发时，吸收的热量也会减少，制冷效果大大减弱，严重时有可能造成空调系统不制冷。

5. 检查空调制冷系统压力异常

用压力表组件检测空调系统压力，根据检测到的高、低压数据值来判断空调制冷系统可能出现的故障，一般分压缩机停止和运转两种状态。

视频18　制冷系统常规检查

在压缩机停止运转 10h 以上后，压缩机的高、低压侧应为同一数值，如果高、低表所显示的数值不相等，说明系统内部有堵塞，应对膨胀阀、储液干燥器及管路部分进行检查。

当压缩机处于运转状态时，将发动机运转速度控制在 1500~2000r/min，开启空调，鼓风机转速控制开关置于"HI"位置，温度调节旋钮置于"COOL"位置。连接压力表组，正常情况下，低压侧压力为 0.15~0.25MPa，高压侧压力为 1.35~1.75MPa，若测得的压力值不在正常范围内，则根据以下条件判断可能的故障原因。

1）高、低压表的指示同时比正常值低。这可能是由于制冷剂不足，检查时，可发现高压管微热，低压管微冷，但温差不大，从视镜中可以观察到每隔 1~2s 就有气泡出现。这时应先检查有无泄漏点，补漏后再补足制冷剂。

2）低压表比正常值低很多。这时，视镜内可见模糊雾流，高、低压管无温差，冷气不冷，说明制冷剂严重泄漏。

3）低压表指示接近零，高压表指示比正常值低。这时，空调系统常表现为出风不冷、膨胀阀前后的管路上结霜。分析其原因，一方面可能是膨胀阀结霜堵塞，使得制冷剂在系统中无法循环，此时应反复抽真空，重新添加制冷剂；另一方面可能是膨胀阀感温包损坏，造成膨胀阀未开启，此时应检查感温包。

4）高、低压表指示都过低。这可能是压缩机的内部故障，如阀板垫、阀片损坏，需要更换压缩机。

5）高、低压表都比正常要高。此时压缩机吸气管表面温度比正常情况下低，出现潮湿冰冷现象（俗称出汗）。由于膨胀阀开度过大，蒸发器内制冷剂"供过于求"，影响蒸发，相应的吸热量减少，造成空调凉度不够。如果膨胀阀开度可以调节，应将开度调小；如不可调，则更换膨胀阀。

6）高、低压两侧的压力均过高。这表明制冷剂过多，两手分别触摸压缩机进气管和排气管，发现高压侧有烫手感，低压侧能看到冰霜；空调压缩机关掉电源停止运行后，其余部分继续工作时，在超过45s以后，视镜内仍然清晰无气泡流过，可以断定制冷剂过多，应排出多余的制冷剂。

7）低压表指示过高，高压表指示稍高。这可能是冷凝器冷却不足，可用以下方法进行验证：用冷水对冷凝器进行冷却，压力表压力变为正常，则可断定是冷凝器冷却不足。如果有这种故障，则在刚开空调时，制冷效果好，工作时间长了，制冷效果较差。如果冷凝器的散热片阻塞、发动机冷却液温度过高、冷凝器风量不够，则有可能是冷凝器的风扇或风扇传动带出现问题。

8）低压表指示为零或负压，高压表指示正常或偏高。此时，冷风时而欠凉，时而正常，这种现象说明制冷系统中有水分或干燥剂吸湿能力达到饱和，水分进入制冷循环系统，在膨胀阀小孔处冻结，融化后恢复正常状态。这时应更换储液干燥器或反复抽真空以排除系统内水分。

9）低压表指示较低，高压表指示过高。这种现象一般是制冷系统堵塞，堵塞经常在制冷系统通道截面较小的位置发生，易于堵塞的部件绝大部分处于制冷系统的高压侧，如干燥过滤器、膨胀阀滤网等，而且堵塞现象一般是由制冷剂所含有的水分、灰尘等脏物造成的，堵塞部位经常有结霜现象。找到堵塞部位后，拆下堵塞的部件进行清洗或更换，堵塞严重时，应将制冷系统全部拆卸，分段清洗。

10）低压表过高，高压表的压力过低。这种现象常常表明压缩机内部有泄漏，应更换或修理压缩机。如果低压表略高、高压表略低，无冷气，压缩机吸气管出现凝结水分或有一层霜，可能是膨胀阀损坏，需要更换膨胀阀，充入制冷剂。

七、部件检测

测试Q46空调压缩机电磁阀之前，先将点火开关置于"OFF（关闭）"位置，断开Q46空调压缩机电磁阀的线束插接器。如图6-7-22所示，测试B+端子2和控制端子1之间的电阻是否为7~15Ω。如果小于7Ω或大于15Ω则更换G1空调压缩机。

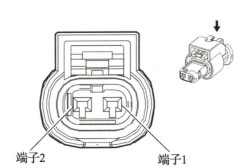

端子2   端子1

图 6-7-22   Q46 空调压缩机电磁阀

如果在 7~15Ω 之间，接着测试各端子和 Q46 空调压缩机电磁阀壳体 / 箱之间的电阻是否为无穷大，如果电阻不为无穷大，则更换 G1 空调压缩机；如果电阻为无穷大，则说明 Q46 空调压缩机电磁阀正常。

📝 课程育人

对于汽车空调系统来说，无毒且状态稳定的 R134a 作为 R12 制冷剂的替代品，它对温室效应的影响减轻了许多。自从 R12 制冷剂在我国被禁用后，R134a 制冷剂是汽车空调唯一使用的制冷剂。

虽然第三代制冷剂的出现成功地减少了对大气臭氧层的影响，但在这期间，温室效应仍呈现出日趋严重的态势，全球平均气温上升以及两极冰川融化都在催促着人类要为这一切做出改变。R134a 制冷剂的环保问题也被暴露出来。在 1997 年通过的《京都议定书》中，氢氟烃类制冷剂被划分到会造成温室效应的物质范畴中，在这份文件中规定，在 2008 年至 2012 年间发达国家的温室气体的排放量要在 1990 年基础上平均降低 5.2%。那时，还没有人能断言未来的制冷剂将会朝哪个方向发展，但可以肯定的是下一次变革即将到来。

⚠️ **思考**   国内汽车企业为什么要被禁止使用 R12 制冷剂？

📝 巩固提升

一、选择题

1.汽车空调制冷系统共包含（   ）个工作过程。

A. 2   B. 3   C. 4   D. 5

2.按照控制方式的不同，汽车空调系统可以分（   ）种类型。

A. 1   B. 2   C. 3   D. 4

3. 压缩机是整个（　　　）循环系统中的动力装置。

    A. 制冷　　　　　　　B. 制热　　　　　　　C. 除湿　　　　　D. 换气

4. 汽车空调压缩机是由汽车（　　　）通过电磁离合器来驱动的。

    A. 发动机　　　　　　B. 变速器　　　　　　C. 起动机　　　　D. 车轮

5. 蒸发器是经膨胀机构节流后的（　　　）液态制冷剂在其中吸热气化达到制冷效果的设备。

    A. 低温低压　　　　　B. 低温高压　　　　　C. 高温低压　　　D. 高温高压

6. 若罐内制冷剂量少于（　　　），则要进行补充。

    A. 1kg　　　　　　　B. 2kg　　　　　　　C. 3kg　　　　　D. 4kg

7. 回收时如果低压表指针降到 –10PSI 超过（　　　）不及时停机，将损坏压缩机。

    A. 3s　　　　　　　B. 5s　　　　　　　C. 8s　　　　　　D. 10s

8. 第二次抽真空时，应设定抽真空时间为（　　　）。

    A. 3min　　　　　　B. 5min　　　　　　C. 8min　　　　　D. 10min

9. 电子检漏探头离阀口的距离应小于（　　　）（探头不要碰到接口）。

    A. 10mm　　　　　　B. 20mm　　　　　　C. 30mm　　　　　D. 40mm

二、判断题

1. 汽车空调可以为乘车人员提供舒适的乘车环境，降低驾驶员的疲劳强度，提高行车安全。　　　　　　　　　　　　　　　　　　　　（　　　）

2. 水暖式采暖系统实际上是发动机冷却系统的一部分，大致可以分为两大部分，即热水循环回路和配气装置。　　　　　　　　　　　　（　　　）

3. 汽车空调通风系统是将车外的新鲜空气送入车内，同时将车内的污浊空气排到车外。　　　　　　　　　　　　　　　　　　　　　（　　　）

4. 蒸发器散热片外观出现破损时可进行修复。　　　　　　　　　（　　　）

5. 使用万用表前，应先进行校表。　　　　　　　　　　　　　　（　　　）

6. 与膨胀阀相连的管路中的 O 形密封圈可重复使用。　　　　　　（　　　）

7. R134a 的化学稳定性很好，然而由于它的溶水性比 R12 低，所以对制冷系统不利。　　　　　　　　　　　　　　　　　　　　　　（　　　）